Martin Wohlrab

**Aufgabensammlung zur Einübung der Formenlehre**

und der einfachsten syntaktischen Regeln der griechischen Sprache - 1. Teil

Martin Wohlrab

**Aufgabensammlung zur Einübung der Formenlehre**
*und der einfachsten syntaktischen Regeln der griechischen Sprache - 1. Teil*

ISBN/EAN: 9783744600569

Hergestellt in Europa, USA, Kanada, Australien, Japan

Cover: Foto ©Thomas Meinert / pixelio.de

Weitere Bücher finden Sie auf **www.hansebooks.com**

# Aufgabensammlung

zur

# Einübung der Formenlehre

und der einfachsten

syntaktischen Regeln der griechischen Sprache.

Bearbeitet

von

## Dr. ph. Martin Wohlrab,
Lehrer am Gymnasium zum heiligen Kreuz in Dresden.

Erster Theil.

Das Nomen und das regelmässige Verbum auf ω.

Leipzig,
Druck und Verlag von B. G. Teubner.
1864.

Dem Herrn

# Friedrich August Vogel,
Oberlehrer am Gymnasium in Plauen,

in treuer Anhänglichkeit

gewidmet.

# Vorwort.

Die vorliegende Aufgabensammlung unterscheidet sich von den bereits vorhandenen wesentlich dadurch, dass die syntaktischen Regeln, ohne die auch die ersten Uebungen im Griechischen nicht vorgenommen werden können, in der nöthigen Vollständigkeit über die einzelnen Paragraphen, in welche das Buch zerfällt, gesetzt sind. Bisher musste der Lehrer diese Regeln gelegentlich selbst geben; denn in den meisten Uebungsbüchern waren sie, wenn überhaupt vorhanden, so doch gewöhnlich nur in den Anmerkungen zerstreut, also an Stellen, die der Schüler nicht wohl im Gedächtniss behalten kann. Man musste also froh sein, wenn diese hauptsächlichen Regeln gelegentlich gewusst und berücksichtigt wurden, konnte billigerweise eine durchgreifende Anwendung derselben nicht verlangen. Dadurch war der Schüler freilich meist entschuldigt, wenn er syntaktische Fehler in seiner Aufgabe machte.

Es erschien also erforderlich, dass diese Regeln wenigstens in einem von den Büchern, die der Schüler für den ersten Unterricht im Griechischen in den Händen hat, enthalten seien. Denn ihn auf die systematische Syntax zu verweisen, wie allerdings auch geschehen ist, wäre doch verfrüht und für ihn gewiss nicht wahrhaft förderlich. Mir schien aber für diesen Zweck das deutsch-griechische Uebungsbuch der passendste Ort zu sein und ich habe in dem vorliegenden den Versuch gemacht diesen Gesichtspunkt durchzuführen. Es sind also in demselben theils da, wo Formen einzuüben sind, die ohne eine Anweisung gar nicht angewendet werden können, theils da, wo die gewählten Beispiele es nöthig machten, die einfachsten Regeln der Syntax angegeben. Auf den ersten Blick könnte es scheinen, als ob durch die Menge derselben die hauptsächlichste Aufgabe der ersten schriftlichen Uebungen im Griechischen, die Befestigung der Formenlehre, zu sehr beeinträchtigt sei; allein ich kann mich zu meiner Rechtfertigung einfach auf die Thatsache berufen, dass fast alle für diese Stufe berechneten Uebungsbücher, sowohl die für die Uebersetzungen aus dem Deutschen ins Griechische, als auch die für die Uebersetzungen aus dem Griechischen ins Deutsche bestimmten, keine geringere Summe syntaktischer Kenntnisse voraussetzen und voraussetzen können, wenn nicht die an sich schon einfachen Sätze ganz farblos und ungriechisch werden sollen. Ich hoffe sogar Beifall zu finden, wenn ich den Schüler gleich von allem Anfang an zur Beachtung gewisser Kleinigkeiten, die Wortstellung, Eigenthümlichkeiten der Uebersetzung u. s. w. betreffend, nöthigen wollte, die ja zunächst fast mechanisch eingeübt werden können. Dadurch wird ein gewisses Gefühl für griechisches Colorit vorbereitet, das dann in den oberen Klassen leichter zum Bewusstsein gebracht und weiter ausgebildet werden kann.

Die Regeln selbst werden gute Schüler neben dem, was sie in der Formenlehre zu lernen haben, gewiss ohne Mühe sich einprägen können, zumal da an die lateinische Syntax, so weit sie bekannt sein muss, vielfach angeknüpft wird. Da man aber nicht von Allen geradezu verlangen kann, dass sie die syntaktischen Bemerkungen eben so sicher wissen, wie die Formen, so schien es nöthig, bei späteren Beispielen immer wieder auf die vorausgehende Regel zu verweisen. Auf diese Weise werden auch schwächeren Schülern nach und nach durch mannigfache Anwendung die Regeln geläufig werden und können Regeln von Paragraphen, die vielleicht übergangen werden mussten, nachträglich noch gelernt werden.

**Vorrede.**

Mein Buch schliesst sich, wie man aus dem Gesagten wird entnehmen können, noch am meisten an die Halmschen Elementarbücher an, die ich selbst mehrere Jahre im Unterricht dankbar benutzt habe. Es unterscheidet sich von denselben dadurch, dass es 1. die syntaktischen Regeln, so weit sie nöthig erscheinen, vollständiger über den Paragraphen selbst angiebt, 2. dass es keine Fingerzeige über die Formenlehre selbst enthält, die bei der Vortrefflichkeit der jetzt gebräuchlichen Grammatiken entbehrlich zu sein scheinen, 3. dass es die Vokabeln nicht unter dem Texte angiebt, sondern in einem vollständigen Wörterverzeichnisse, wodurch, wie ich hoffe, mancherlei Uebelstände vermieden werden, 4. dass durch die Vorausnahme der am öftesten vorkommenden Verbalformen, die auch mit Rücksicht auf das griechisch-deutsche Uebungsbuch als nothwendig erschien, viele wörtliche Uebersetzungen vermieden werden, die der gedankenlosen Anfertigung der Arbeiten zu grossen Vorschub leisten.

Was die Uebungsbeispiele selbst anlangt, so ist keins von denselben einer ähnlichen Sammlung entlehnt, sondern alle sind durch lange Lectüre selbständig zusammengebracht worden. Sollten aber in andern Büchern gleiche oder ähnliche Beispiele sich vorfinden — viele werden es nicht sein —, so erklärt sich das daraus, dass ich es nicht vermeiden konnte wenigstens theilweise aus gleichen Quellen zu schöpfen, wie meine Vorgänger.

Die deutsche Fassung der Aufgaben wird dem Schüler manchmal befremdlich erscheinen. Ich glaube aber, es wird bei einem Uebungsbuche, das für die erste Stufe des griechischen Unterrichts bestimmt ist, Entschuldigung finden, wenn ich zunächst nicht darauf ausging, Sätze in gutem, unanstössigem Deutsch zu geben, sondern durch die deutsche Fassung gleich der griechischen Uebersetzung entgegenkommen wollte. Nur dann würde ich mich unbedingt eines Fehlers schuldig gemacht haben, wenn die Sätze an sich oder in Folge ihrer Fassung zu schwer oder gar nicht verständlich wären.

Schwieriger freilich sind im Allgemeinen die vorliegenden Aufgaben, als in vielen anderen Uebungsbüchern. Dies ist einerseits dadurch hervorgerufen, dass der griechische Unterricht an dem Gymnasium, dem ich angehöre, erst in Quarta beginnt und dass ich mehrfach beobachtet habe, wie Schüler, die im Lateinischen schon einige Fortschritte gemacht haben, lieber an schwierigeren Sätzen sich versuchen wollen, als an leichten. Ich bin oft von den Schülern selbst gebeten worden statt der allerdings sehr einfachen Aufgaben in Kühners Elementargrammatik schwerere zu dictieren.

In Hinsicht auf die Reihenfolge der Uebungsaufgaben habe ich mich im Wesentlichen an die Grammatik von G. Curtius angeschlossen, so jedoch dass dadurch der Gebrauch meines Buches neben anderen Grammatiken möglichst wenig erschwert ist.

Der zweite Theil, der, wenn Gott will, in Jahresfrist nachfolgen wird, soll zunächst die Uebungsbeispiele über das anomale Verb enthalten. Hieran soll sich ein syntaktischer Anhang schliessen, in welchem die Regeln, soweit sie vorgekommen waren, übersichtlich geordnet sind. Die diesem Anhang beigegebenen Aufgaben werden zugleich der Einübung der gesammten Formenlehre dienen. So wird, wenn man die Formen mit Hülfe meiner Aufgabensammlung eingeübt hat, der systematischen Betreibung der Syntax, die sich daran anzuschliessen hat, schon genügend vorgearbeitet sein.

Dresden, den 31. December 1863.

Martin Wohlrab.

# Aufgabensammlung.

I. Worte, die im Texte durch eckige Klammern ([]) eingeschlossen sind, bleiben unübersetzt.

II. Zu den Worten, die im Texte gesperrt gedruckt sind, geben die Anmerkungen die Uebersetzung, die ohne Weiteres beizubehalten ist.

III. Wenn zu den Wendungen im Texte andere deutsche oder lateinische Wendungen in den Anmerkungen gegeben sind, so hat sich die Uebersetzung an die letzteren anzuschliessen.

IV. Im Wörterverzeichnisse ist, wenn mehrere griechische Wörter zu einem deutschen Ausdruck gegeben sind, allemal das zu wählen, was man auf der Stufe, auf der man steht, anwenden kann.

## §. 1. Die nöthigsten Formen vom Präsens des Activs und Passivs.

### Präsens.

| | | Activ. | Passiv. |
|---|---|---|---|
| Indic. | Sg. 1. | λύ-ω, ich löse | λύ-ομαι, ich werde gelöst |
| | 2. | λύ-εις, du lösest | λύ-η, du wirst gelöst |
| | 3. | λύ-ει, er, sie, es löst | λύ-εται, er, sie, es wird gelöst |
| | Du. 1. | | λυ-όμεθον, wir (beide) werden gelöst |
| | 2. | λύ-ετον, ihr (beide) löset | λύ-εσθον, ihr (beide) werdet gelöst |
| | 3. | λύ-ετον, sie (beide) lösen | λύ-εσθον, sie (beide) werden gelöst |
| | Pl. 1. | λύ-ομεν, wir lösen | λυ-όμεθα, wir werden gelöst |
| | 2. | λύ-ετε, ihr löset | λύ-εσθε, ihr werdet gelöst |
| | 3. | λύ-ουσι(ν), sie lösen | λύ-ονται, sie werden gelöst |
| Imper. | Sg. 2. | λῦ-ε, löse | λύ-ου, werde gelöst |
| | Pl. 2. | λύ-ετε, löset | λύ-εσθε, werdet gelöst |
| Particip. | | λύ-ων, ουσα, ον, lösend | λυ-όμενος, η, ον, gelöst werdend |
| Infinitiv. | | λύ-ειν, lösen | λύ-εσθαι, gelöst werden |

I. Die griechische Sprache hat für die Zweizahl einen besonderen Numerus, den Dualis. λύ-ετον, ihr (beide) löset.
II. Im Griechischen giebt es, wie im Lateinischen, Deponentia. ἕπομαι, ich folge.
III. In Aussagesätzen steht als Negation οὐ (οὐκ, οὐχ), in Befehlssätzen μή. Ihr sprechet nicht, οὐ λέγετε. Sprechet nicht, μὴ λέγετε.
IV. Das Adverb steht vor dem Worte, zu dem es gehört, also vor dem Verb, wenn es zu demselben gehört. Du sprichst richtig, ὀρθῶς λέγεις.
1. Freue dich! — 2. Wie[1] meint ihr? — 3. Wir verstehen. — 4. Vielleicht verhält es sich so, vielleicht auch nicht[2]. — 5. Sie sprechen schön. — 6. Ihr (beide) bringt gute Botschaft[3]. — 7. Wartet! — 8. Sprich und zögere nicht! — 9. Er will nicht antworten. — 10. Folge! — 11. Prahlet nicht! — 12. Wenn er scherzet, freue ich mich. — 13. Sie (beide) sind nicht gesund. — 14. Saget deutlich, was[4] ihr urtheilt. — 15. Es ist offenbar. — 16. Nichts hindert. — 17. Ich glaube, dass[5] sie nicht richtig sprechen. — 18. Du schreibst schön.

19. Widersprich nicht! — 20. Er überzeugt nicht. — 21. Wie[1] sprichst du? — 22. Seid ihr ernst oder scherzet ihr[6]? — 23. Wir freuen uns nicht. — 24. Wenn sie (beide) widersprechen, werden sie gezüchtigt. — 25. Leset! — 26. Er versteht nicht, was[4] sie sagen. — 27. Ermüde nicht! — 28. Ihr (beide) seid nicht böse, sondern vergebt. — 29. Du suchst zu entkommen und willst nicht antworten. — 30. Er spricht griechisch. — 31. Ihr seid nicht bei Verstande, sondern raset. — 32. Antwortet! — 33. Sie spotten.

[1] πῶς. — [2] Hier nicht durch ein Wort zu übersetzen. — [3] Ihr (beide) meldet wohl. — [4] ἅ. — [5] S. Wörterverz. Wie im Deutschen. — [6] Ohne Fragepartikel. Wie im Deutschen.

## §. 2. Die erste oder A-Declination. 1. Feminina.

Die nöthigsten Formen des Präsens von εἰμί, ich bin.

| Indic. Sg. 1. | εἰμί, ich bin | Imper. Sg. 2. | ἴσθι, sei |
|---|---|---|---|
| 2. | εἶ, du bist | Pl. 2. | ἔστω, seid |
| 3. | ἐστί(ν), er, sie, es ist | | |
| Du. 2. | ἐστόν, ihr (beide) seid | Particip | ὤν, οὖσα, ὄν, seiend |
| 3. | ἐστόν, sie (beide) sind | | |
| Pl. 1. | ἐσμέν, wir sind | Infinitiv | εἶναι, sein |
| 2. | ἐστέ, ihr seid | | |
| 3. | εἰσί(ν), sie sind | | |

I. Der bestimmte Artikel wird im Allgemeinen auch im Griechischen gesetzt, wo er im Deutschen steht, der unbestimmte bleibt unübersetzt. Das Haus, ἡ οἰκία. Ein Haus, οἰκία.

II. Die attributive Bestimmung zu einem Substantivum tritt, wie im Deutschen, zwischen den Artikel und das Substantiv oder (mit Nachdruck) hinter das Substantiv mit Wiederholung des Artikels. Das schöne Haus, ἡ καλὴ οἰκία oder ἡ οἰκία ἡ καλή. Dieselbe Stellung hat eine nähere Bestimmung zu einem Substantivum, die durch den Genitiv oder eine Präposition mit ihrem Casus gegeben ist. Die Trefflichkeit des Landes, ἡ τῆς γῆς ἀρετή oder ἡ ἀρετὴ ἡ τῆς γῆς. Die Schlacht bei Plataä, ἡ ἐν Πλαταιαῖς μάχη, oder ἡ μάχη ἡ ἐν Πλαταιαῖς.

III. Das Prädicat hat in der Regel keinen Artikel bei sich. Die Frömmigkeit ist der Anfang der Tugend, ἡ εὐσέβειά ἐστιν ἀρχὴ τῆς ἀρετῆς.

1. Sprich die Wahrheit! — 2. Der Gelderwerb befreit von Armuth. — 3. Von[1] den Vergnügungen sind die einen[2] gut, die andern[2] schlecht. — 4. Die Gerechtigkeit ist eine menschliche Tugend. — 5. Mangel und Verlangen sind unangenehm. — 6. Zwischen der Besonnenheit und der Zügellosigkeit findet keine Gemein-

schaft statt³. — 7. Ich tadle ein Syrakusisches Mahl⁴. — 8. Der Hunger ist das Verlangen nach¹ Speise.
9. Jede Kunst gewährt einen Nutzen, die Arzeneikunst die Gesundheit, die Steuermannskunst die Rettung auf⁵ dem Meere. — 10. Die Beschaffung der Nahrung ist das erste der Bedürfnisse. — 11. Die Armuth erzeugt unfreies Wesen und Betrug. — 12. Die Gerechtigkeit ist eine Tugend, die Ungerechtigkeit ein Laster. — 13. Enthalte dich der Trunkenheit! — 14. Wir werden in Freuden und Schmerzen geprüft. — 15. Liebe die Truglosigkeit und Wahrheit! 16. Von¹ den Begierden sind die einen² nothwendig, die andern² nicht. — 17. Ihr wollt nicht die Wahrheit sagen. — 18. Von¹ den Vergnügungen werden wir berauscht. — 19. Die Niederlage bringt Schande, der Sieg bringt Ruhm. — 20. Es giebt⁶ mannigfache Wissenschaften. — 21. Das Flötenspiel bezweckt nur das Vergnügen. — 22. Nicht durch⁷ Unwissenheit, sondern durch⁷ Wissenschaft berathen wir uns wohl. — 23. Die Baukunst ist die Wissenschaft von¹ der Verfertigung eines Hauses.

¹) Genitiv. — ²) αἱ μέν — αἱ δέ. — ³) Es ist nicht Gemeinschaft der Besonnenheit und Zügellosigkeit (Dativ). — ⁴) S. Tisch. — ⁵) ἐν c. dat. — ⁶) sunt. — ⁷) Dativ.

### §. 3. Die erste oder A-Declination. 2. Masculina.

I. „Es ist die Pflicht, die Sache, das Zeichen Jemandes" wird in's Griechische gerade so übersetzt, wie in's Lateinische. Es ist die Pflicht der Soldaten zu kämpfen, ἔστι τῶν στρατιωτῶν μάχεσθαι, militum est pugnare.
II. Die deutsche Wendung „der eine (einer) — den andern" wird, wenn ein Substantiv dabei steht, im Griechischen, wie im Lateinischen durch Wiederholung des Substantivs ohne Artikel gegeben. Ein Bürger muss den andern schonen; πολίτην πολίτου φείδεσθαι δεῖ, civem civi parcere oportet.
1. Die Schauspieler sind die Gehülfen der Dichter. — 2. Ein Bürger werde dem andern nicht¹ verhasst! — 3. Die Lebensweise der Athleten² ist für³ die Gesundheit gefährlich. — 4. Die Jünglinge lernen die Dichter auswendig. — 5. O Herr, sorge für die Diener! — 6. Die Bürger haben Gemeinschaft der Freude und des Schmerzes. — 7. Bei⁴ der Kindererziehung ist das Halten von⁵ Haussclaven² nothwendig. — 8. Die Dichter lügen oft⁶.
9. Wir sind Verehrer der Wahrheit. — 10. Nach Besonnenheit zu streben ist die Pflicht der Jünglinge. — 11. Die Diebe und Verleumder lieben wir nicht⁶. — 12. An⁴ den Dichtern werden die Jünglinge gross gezogen. — 13. Charondas ist der Gesetzgeber Italiens und Siciliens. — 14. Die Herren herrschen, die Diener werden be-

herrscht. — 15. Die Staatsverfassung der Perser² ist die monarchische. — 16. Seid nicht¹ übermüthig gegen⁷ die Hausselaven! — 17. O Soldat, schone die Bürger!

**Gemischte Aufgaben über die erste Declination.**

1. Der Steuermann herrscht über die Schiffer. — 2. Der Ackerbau gewährt die aus der Erde [stammende] Nahrung². — 3. Sophokles und Euripides sind Dichter von⁵ Tragödien. — 4. Wir züchtigen des Abschreckens halber. — 5. O Bürger, seid theilhaftig der Gerechtigkeit und Besonnenheit! — 6. Die Besonnenheit ist die⁸ Beherrschung der Lüste und Begierden. — 7. Die Dichter werden von⁹ den Musen begeistert. — 8. Die Leidenschaften¹⁰ erzeugen¹¹ Kämpfe.
9. Der Scherz ist zuweilen eine Erholung vom⁵ Ernste. — 10. Gebt euch den Vergnügungen nicht¹ hin! — 11. O Soldat, treibe die Kriegskunst! — 12. Durch Rohheit der Seele¹² entstehen unzählige Ungerechtigkeiten. — 13. Ertraget tapfer⁶ die Missgeschicke! — 14. Halt Ruhe! — 15. O Diener, fliehe nicht¹ von deinem¹³ Herren! — 16. Wir wünschen Vergnügungen, Schmerzen aber wünschen wir nicht. — 17. Die Spartiaten sind habsüchtig.

¹) §. 1. III. — ²) §. 2. II. — ³) πρός c. acc. — ⁴) ἐν c. dat. — ⁵) Genitiv. — ⁶) §. 1. IV. — ⁷) εἰς c. acc. — ⁸) §. 2. III. — ⁹) ἐκ. c. gen. — ¹⁰) S. Begierde. — ¹¹) S. gewähren. — ¹²) Aus einer rohen Seele. — ¹³) Der blosse Artikel: von (ἀπό c. gen.) dem Herrn.

**§. 4. Die gewöhnliche zweite oder O-Declination.**

I. Durch den Artikel kann jedes Adjectivum zu einem Substantivum erhoben werden; ὁ ἀγαθός, der Gute. Wie im Lateinischen wird im Griechischen der Plural gesetzt, wenn man an eine Mehrheit zu denken veranlasst werden soll. Das Schöne, τὰ καλά, pulchra, res pulchrae.

II. Hinsichtlich der Congruenz des Prädicates mit dem Subjecte gelten im Allgemeinen im Griechischen dieselben Regeln, wie im Lateinischen. Die hauptsächlichste Abweichung besteht darin, dass das Subject im Neutrum des Plural das Verbum im Singular bei sich hat. Ἐκ τῶν πολέμων κακὰ γίγνεται, aus den Kriegen entstehen Uebel.

1. Wir wollen das Gute, das Schlechte aber wollen wir nicht. — 2. O Schuhmacher, treibe die Schuhmacherei und nicht¹ die Steuermannskunst, o Ackerbauer, treibe den Ackerbau und nicht¹ die Rechtspflege! — 3. Wir führen die Ungerechten zu den Richtern. — 4. Die Arzeneikunst befreit von der Krankheit. — 5. Die Güter entbehren die Menschen unfreiwillig, die Uebel aber frei-

willig. — 6. Den Kindlein erzählen wir Mährchen. — 7. Wir bereiten aus der Gerste² Graupen, aus dem Weizen² Mehl. — 8. Es ist die Sache des Turnlehrers³ die Menschen schön und stark zu machen⁴. — 9. Die Vernünftigen und Tapferen sind gut, die Unverständigen und Feigen schlecht. — 10. Die Freunde sind einander⁵ schuldig Gutes zu thun⁶, Schlechtes aber nicht. — 11. Nicht die Sache des Gerechten ist es³ zu schaden, sondern des Ungerechten. — 12. Die Gerechten sind von den Göttern unbestraft. — 13. O Bruder, sei nicht⁷ böse¹. — 14. Das Schöne ist dem Hässlichen, das Gerechte dem Ungerechten entgegengesetzt. 15. Die Götter sind gerecht und es ist den Göttern demnach der Ungerechte ein Feind, der Gerechte aber ein Freund. — 16. Es ist die Pflicht aufrichtiger Bundesgenossen und Freunde³ in Gefahren zur Hand zu sein⁸. — 17. Der Reichthum verdirbt die Menschen; denn er erzeugt Schwelgerei und Trägheit und Neuerungssucht. — 18. Verhalte dich still, o lieber Freund! — 19. Wir trinken nicht Wein ausser⁹ der Leibesstärkung und der Krankheiten halber.— 20. Für¹⁰ die Reichen giebt es¹¹ allerlei Trost².

¹) Hier nicht durch ein Wort zu übersetzen. — ²) Plural. — ³) §. 3. I. — ⁴) Ganz entsprechend dem Lateinischen *homines reddere* (= ποιεῖν) *pulchros et robustos*. — ⁵) Zu übersetzen: Den Freunden sind die Freunde schuldig u. s. w. — ⁶) ποιεῖν. — ⁷) §. 1. III. — ⁸) παρεῖναι. — ⁹) wenn nicht (μή). — ¹⁰) Dativ. — ¹¹) *est*.

### §. 5. Die contrahierte zweite Declination.

I. Der Infinitiv wird im Griechischen, wie im Deutschen, durch den Artikel zum Substantiv erhoben. Das Lösen, τὸ λύειν. Vgl. §. 4. I.

II. „Der Eine — der Andere — noch ein Anderer" u. s. w. wird übersetzt durch ὁ μέν — ὁ δέ — ὁ δέ u. s. w.

III. Bei den unpersönlichen Verben, δεῖ, χρή, es ist nöthig, man muss, steht der Accusativ mit dem Infinitiv. Der Bürger muss kämpfen = es ist nöthig, dass der Bürger kämpfe, δεῖ τὸν πολίτην μάχεσθαι, *oportet civem pugnare*.

1. Wenn wir Verstand haben, folgen wir nicht einem Schlechten. — 2. Wir sind weder misstrauisch noch übelgesinnt. — 3. Bellerophontes tödtete¹ die feuerschnaubende Chimära. — 4. Von² den Werkzeugen zum³ Kriege⁴ sind einige eisern, zum Beispiel die Bogen und Wurfspiesse. — 5. Verschlagene Menschen lieben verschlagene Reden, einfache Menschen einfache Reden. — 6. Die Begierden werden mit Verstand und richtiger Einsicht⁵ geleitet. — 7. Die Lakedämonier haben eisernes Gewicht in Gebrauch. — 8. Die Unverständigen⁶ lügen oft⁷.

9. Auf die einen von den Meinungen⁵ muss man den Sinn richten, auf die andern nicht. — 10. Die schnell Fassenden⁸ sind

leicht veränderlich, aber nicht zuverlässig. — 11. Wir trachten weder nach Reichthum an Gold[9], noch an Silber[9]. — 12. Die Dichter sind begeistert und von der Gottheit ergriffen. — 13. Der Magnetstein zieht eiserne Ringe an. — 14. Das mit Verstand Gelernte[10] ist[11] vortheilhaft, das ohne Verstand Gelernte[10] schädlich. — 15. Der Mensch muss nicht zweideutig sein, sondern offen.

[1] ἀπέκτεινε. — [2] Genitiv. — [3] εἰς c. acc. — [4] §. 2. II. — [5] S. Vorstellung. — [6] S. sinnlos. — [7] §. 1. IV. — [8] §. 4. I. — [9] Adject.: goldener — silberner R. — [10] Part. Präs. Pass. §. 4. I. §. 2. II. — [11] §. 4. II.

## §. 6. Die attische zweite Declination.

I. Durch den Artikel werden sogar Adverbia und Präpositionen mit ihren Casus zu Substantiven erhoben. ὁ πέλας, der in der Nähe, der Nachbar. οἱ ἐν τῷ οἴκῳ, die (Menschen) im Hause. Vgl. §. 4. I. 5. I.

II. Wenn von einem Verb mit der Grundbedeutung sagen, glauben ein Satz abhängt, der ein eigenes, vom Subject des Hauptsatzes verschiedenes Subject hat, so setzen die Griechen, wie die Lateiner, den Accusativ mit dem Infinitiv. Ich glaube, dass der Schlechte unglücklich ist, νομίζω, τὸν κακὸν εἶναι ἄθλιον.

III. „Im Hades" wird übersetzt durch ἐν Ἅιδου, wobei δόμῳ (Haus) zu ergänzen ist. Ebenso heisst „in den Hades" εἰς Ἅιδου.

1. Die Nothwendigkeit überredet und lenkt oft das Volk. — 2. Diejenigen, welche[1] voll Vergesslichkeit[2] sind, sind leer an[2] Kenntnissen. — 3. Wir trachten weder nach Vergnügungen, noch fliehen wir die Schmerzen, wir haben aber das Heitere gern. — 4. Die Farbe des Pfaues[3] ist schön. — 5. Wir wollen die im Hades [Weilenden] gnädig[4] haben. — 6. Die Hasen werden von den Menschen und den Adlern und Anderen aufgerieben. — 7. Stelle[5] glaubwürdige Bürgen! — 8. Die, welche[1] rein sind von Ungerechtigkeit und gottlosen Werken, scheiden heiter[6] vom Leben.

9. Die Götter sind den guten Menschen gnädig. — 10. Das Leben der Hasen[3] ist voll Feigheit[2]. — 11. Homer sagt, Menelaos sei ein weichlicher Lanzenschwinger. — 12. Die Pfaue tragen Gold und Purpur in den Federn. — 13. Herakles brachte[7] eine Hirschkuh mit goldenem Geweih nach[8] Mykenä. — 14. Rhadamanthys spricht mit Minos im Hades Recht. — 15. Diejenigen, welche das Vergnügen [für] ein Gut erklären[9], sind voll von Irrthum. — 16. Der Schiffer spannt das Tau aus. — 17. Die Mürrischen und keineswegs Heiteren[10] sind meistentheils voll Klagen.

### Gemischte Aufgaben über die zweite Declination.

1. Fliehe den Umgang[11] der Schlechten[3]. — 2. Das Sprechen[12] ohne Verstand ist ein Uebel. — 3. Der Neidische freut sich über[13] das Unglück[14] der Menschen[3]. — 4. Ein Mord wird durch[15] den andern[16] gesühnt. — 5. Bei[17] den Trauergesängen sind Kränze und goldener Schmuck[11] nicht passend, sondern das Gegentheil. — 6. Ein guter Dichter muss[18] hohen Sinnes sein. — 7. Das Vergessen[19] ist das[20] Schwinden des Gedächtnisses. — 8. Die Adler verfolgen die Hasen. — 9. Von[2] den Menschen sind die schlechten unglücklich. — 10. Im[15] Zorn tödtet zuweilen ein Bruder den andern[16] und eine Schwester die andere[16]. — 11. Minos hat ein goldenes Scepter. — 12. Den Menschen sind die Unglücksfälle der Anderen[3] ein Trost für[2] die eigenen Missgeschicke. — 13. Wenn ihr Verstand habt, vertraut ihr nicht einer sclavischen Seele. — 14. Die Vernünftigen von[2] den Menschen entrinnen meistentheils den Gefahren. — 15. Wir schlafen bis [zum] Aufgang der Morgenröthe und der Sonne. — 16. Vertrauet den Freunden!

[1]) οὗτοι, οἵ. — [2]) Genitiv. — [3]) §. 2. II. — [4]) Adject., auf das Object bezogen. — [5]) S. gewähren. — [6]) Adject., auf das Subj. bezogen. — [7]) Ἡρακλῆς ἤνεγκε(ν). — [8]) εἰς c. acc. — [9]) Die erklärenden, οἱ ὁριζόμενοι. Der doppelte Accusativ, wie im Lateinischen: *voluptatem dicentes bonum.* — [10]) §. 4. I. — [11]) Plural. — [12]) §. 5. I. — [13]) ἐπί c. dat. — [14]) die Uebel. — [15]) Dativ. — [16]) §. 3. II. — [17]) ἐν c. dat. — [18]) §. 5. III. — [19]) S. Vergesslichkeit. — [20]) §. 2. III.

### §. 7. Die dritte Declination. 1. Die Stämme auf K- und P-Laute.

I. Die Adverbia mit ἔχειν (sich verhalten) bedeuten meist dasselbe, wie die jenen Adverbien entsprechenden Adjectiva mit einer Form von εἰμί. Es ist nothwendig, ἀναγκαῖόν ἐστιν oder ἀναγκαίως ἔχει.

II. Die Verba, welche bedeuten: Jemanden (etwas) zu etwas machen (ἀπεργάζεσθαι, παρέχειν, ποιεῖν) haben im Griechischen, wie im Lateinischen, wenn sie im Activ stehen, den doppelten Accusativ bei sich, einen Accusativ des Objects und einen des Prädicates. Auch von diesem letzteren gilt die §. 2. III. angegebene Regel; es hat also den Artikel nicht bei sich. Im Passiv steht natürlich der doppelte Nominativ. Die Liebe zum Reichthum macht die Tapferen zu Räubern, ὁ πλούτου ἔρως τοὺς ἀνδρείους λῃστὰς ποιεῖ, *amor divitiarum fortes reddit latrones.*

1. Dass[1] ein Altersgenosse dem anderen[2] beisteht, ist schön. — 2. Wenn die Wespen gereizt werden, sind sie unüberwindlich. — 3. Für[3] einen Wächter ist es nicht schön trunken zu sein. — 4. Die

Skythen und Thraker sind kriegerisch. — 5. Das Verhältniss der Nacht zum[4] Tage[5] ist nicht immer dasselbe[6]. — 6. Man sagt[7], dass[9] die Cicaden ohne Speise und Trank sind. — 7. Bei[9] den Phönikern und den Aegyptern herrscht[10] Geldgier. — 8. Der Umgang mit[11] Altersgenossen bringt[12] zuweilen Ueberdruss. — 9. Geier fressen[13] das Herz des Tityos[5] im Hades[14]. 10. Einige vertrauen nicht den Sclaven[15], sie machen[16] aber durch[3] Stacheln und Peitschen die Seele der Sclaven[5] [erst] sclavisch. — 11. Furcht und Scham sind starke Wächter. — 12. Die Cicaden singen zu[9] Mittage. — 13. Einige enthalten sich des Fleisches[17] und geniessen[18] nur Lebloses. — 14. Ein Altersgenosse ergötzt den andern[2]. — 15. Ein schlechtes Pferd fügt sich kaum der Peitsche und dem Stachel. — 16. Die jungen Hunde ziehen und zupfen die, welche ihnen nahe kommen[19]. — 17. Das Oel ist den Haaren der anderen lebenden Wesen[5] schädlich[20] ausser denen[21] des Menschen. — 18. Platon sagt, ein Schmeichler sei ein schreckliches Thier[8].

[1] Accus. c. inf. — [2] §. 3. II. — [3] Dativ. — [4] πρός c. acc. — [5] §. 2. II. — [6] verhält sich auf ebendieselbe Weise. — [7] Entsprechend dem lateinischen *dicunt*. — [8] §. 6. II. — [9] ἐν c. dat. — [10] ist. — [11] Genitiv. — [12] hat. — [13] S. essen. — [14] §. 6. III. — [15] S. Haussclave. — [16] *reddunt*. — [17] Plural. — [18] S. kosten. — [19] die in der Nähe. §. 6. I. — [20] S. kriegerisch. — [21] Artikel.

### §. 8. Die dritte Declination. 2. Die Stämme auf T-Laut und ν.

I. „Derjenige (der), welcher" wird meist durch das Particip mit dem Artikel übersetzt. Derjenige, welcher löst, ὁ λύων.

II. Μέν („zwar", oft unübersetzbar) - δέ („aber") braucht man, wenn von zwei auf einander hinweisenden, einander gegenübergestellten Dingen die Rede ist. Das Nützliche ist schön, das Schädliche aber hässlich, τὸ μὲν ὠφέλιμον καλόν, τὸ δὲ βλαβερὸν αἰσχρόν ἐστιν.

1. Derjenige, welcher die Pflichten gegen[1] die Menschen erfüllt, handelt gerecht[2], derjenige aber, welcher [sie] gegen die Götter erfüllt, fromm[2]. — Du bist jung, o liebes Kind, du hörst also mit gespannter Aufmerksamkeit[3] auch auf Trugreden und lässt dich überzeugen[4]. — 3. Die gesitteten Menschen dürfen[5] nicht lachlustig sein. — 4. Einige sind ungerecht, aber glücklich, einige jedoch gerecht, aber unglücklich. — 5. Wir führen diejenigen, welche am[6] Körper[7] krank sind, zu den Aerzten. — 6. Ein guter Richter muss[5] nicht ein junger [Mensch] sein, sondern ein Greis. — 7. Der Weg zur[8] Nichtswürdigkeit[9] ist eben.

8. Wenn wir fehlen, fehlen wir ungern [10]. — 9. Die Dichter und Propheten sind die [11] Kinder der Götter. — 10. Wir gewinnen die Götter durch [12] Opfer und Gelübde und Weihgeschenke. — 11. Die Begierde nach [13] allerlei Essen [9] ist schädlich dem Körper, schädlich der Seele. — 12. Denjenigen, welche krank sind, erscheinen oft [14] die Speisen bitter [15], denen aber, die gesund sind, das Gegentheil. — 13. Die Erzählung von [13] Oedipus [9] hörend schaudere ich. — 14. Es ist nicht recht [16], dass [17] die einen Griechen die andern [18] zu Sclaven machen. — 15. Die Einfachheit der Lebensweise bringt Gesundheit, die Mannigfaltigkeit Krankheit in den Körpern hervor.

[1] περί c. acc. — [2] thut das Gerechte — das Fromme (§. 4. 1.). — [3] ὀξέως. — [4] wirst überzeugt. — [5] es ist nicht nöthig, dass. §. 5. III. — [6] Accusativ. — [7] Plural. — [8] ἐπί c. acc. — [9] §. 2. II. — [10] Adjectiv (erramus inviti). — [11] §. 2. III. — [12] Dativ. — [13] Genitiv. — [14] §. 1. IV. — [15] Adj., auf das Subj. bezogen. — [16] S. gerecht. — [17] Acc. c. inf. — [18] §. 3. II.

### §. 9. Die dritte Declination. 3. Die Stämme auf λ und ρ.

I. Die Eigennamen haben in der Regel den Artikel nicht bei sich. Die Tragödien des Euripides, αἱ Εὐριπίδου τραγῳδίαι. Die Namen der Länder und Völker können mit und ohne Artikel stehen.

II. Ὑπό c. gen. „von" wird im Griechischen gerade so beim Passivum gebraucht, wie im Lateinischen a c. abl. Ihr werdet von den Eltern getadelt, ψέγεσθε ὑπὸ τῶν γονέων, vituperamini a parentibus.

1. Die Mütter bilden die Seelen der Kinder [1] durch [2] Erzählungen. — 2. Es ist die Pflicht eines Redners [3], das Wahre [4] zu sagen. — 3. Salz [5] und Oliven und Käse und Zwiebeln sind Zukost. — 4. Das Verhältniss der Sterne zur [6] Sonne und zum Monde [1] verändert sich. — 5. O Kinder, verehret die Väter und Mütter! — 6. Wir prüfen das Gold im Feuer. — 7. Wir sehen bei Nacht leichter [7] in [8] das Licht der Sterne und des Mondes, als am [9] Tage in [8] die Sonne. — 8. Die Biber sind vierfüssige Thiere [10] und werden von den Menschen verfolgt. — 9. Der Sohn ist dem Vater lieb.

10. Es ist bejammernswerth, wenn ein Bruder den andern [11] oder der Sohn den Vater oder der Vater den Sohn oder die Mutter den Sohn oder der Sohn die Mutter tödtet. — 11. Ohne Feuer sind wir nicht im Stande [12] eine eherne Bildsäule zu machen. — 12. Durch [2] Reden überzeugen die Redner in den Gerichtshöfen die Richter und im Rathhause die Rathsherren und in der Volksversammlung die dort Versammelten [13]. — 13. Sei der Obrigkeit [14] unterthan und entziehe dich nicht dem Dienste [15] des Vaters

und der Mutter[1]. — 14. Die Töchter des Thestios und der Eurythemis[1] sind Althäa, Leda, Hypermnestra.

**Gemischte Aufgaben über die Consonantenstämme der dritten Declination.**

1. Einige, welche die Gerechtigkeit üben[16], üben sie ungern[17], wie [etwas] Nothwendiges, aber nicht wie [etwas] Gutes. — 2. Von dem Umlauf der Sonne und des Mondes und der Sterne nichts zu verstehen[18] ist schimpflich. — 3. Die Namen Styx und Kokytos[19] sind schrecklich denen, die[20] [sie] hören. — 4. Das Feuer gewährt Licht und Wärme. — 5. Ertrage Unfreundlichkeit[5] und abstossendes Wesen[5] der Anderen[1] leicht und gelassen[21]! — 6. Die Bienen und Wespen und Ameisen sind gesellig. — 7. Man muss[22] sich vor übermässigem Lachen[5] und Weinen[23] hüten. — 8. Die Dichter sind gleichsam die[24] Väter und Führer in[19] der Weisheit.

9. Für[2] Jedes giebt es[25] ein Uebel, zum Beispiel für[2] den Körper die Krankheit und für das Getreide den Mehlthau und die Fäulniss für das Holz, für das Erz aber und das Eisen den Rost. — 10. Die Rhapsoden und Schauspieler tragen Gedichte vor[26]. — 11. Die Sterne sind am[27] Himmel. — 12. Die Perser sind Hirten und Söhne[28] eines felsigen Landes. — 13. Vielwisserei bringt den Kindern Gefahr. — 14. Die Füchse sind verschlagen und listig. — 15. Die Aerzte bereiten[29] oft[21] für den Augenblick die äussersten Schmerzen, aber dadurch[30] entsteht für[31] die spätere Zeit Gesundheit[5] und Wohlbefinden[5] des Körpers[5].

[1]) §. 2. II. — [2]) Dativ. — [3]) §. 3. I. — [4]) §. 4. I. — [5]) Plural. — [6]) πρός c. acc. — [7]) ῥᾷον. — [8]) Wir sehen das Licht an. S. ansehen. — [9]) μετά c. acc. — [10]) S. lebendes Wesen. — [11]) §. 3. II. — [12]) οἵοί τέ ἐσμεν. — [13]) ἐκκλησιαστής, der, welcher einer Volksversammlung beiwohnt. — [14]) den Herrschenden. — [15]) fliehe nicht (§. 1. III.) die Knechtschaft. — [16]) die Gerechtigkeit übend. — [17]) Adjectiv (inviti). — [18]) In dem Umlauf — unerfahren zu sein. §. 7. I. — [19]) Genitiv. — [20]) §. 8. I. — [21]) §. 1. IV. — [22]) §. 5. III. — [23]) S. Thräne. — [24]) §. 2. III. — [25]) est. — [26]) S. Singen. — [27]) ἐν c. dat. — [28]) S. Nachkommen. — [29]) gewähren. — [30]) ἀπ' αὐτῶν. — [31]) εἰς c. acc.

### §. 10. Die dritte Declination. 4. Die Stämme auf ι und υ.

I. Wie nach den Verben des Machens wozu (§. 7. II.) steht nach den Verben des Nennens (λέγειν, ὀνομάζειν, καλεῖν) und Wählens (αἱρεῖσθαι), wenn sie activ gebraucht werden, der doppelte Accusativ, wenn passiv, der doppelte Nominativ. Den Schlechten nenne ich unglücklich, τὸν κακὸν ἄθλιον λέγω.

1. Das Unrecht ist eine Ausgeburt des Uebermuthes. — 2. Dasjenige, was[1] von Homer über die Dinge im Hades[2] gesagt wird, ist[3]

poetisch und angenehm zu hören. — 3. Einem Wohlwollenden lästig zu fallen zeugt nicht von Erkenntlichkeit[1]. — 4. Eine tüchtige Erziehung und Bildung erzeugt[5] gute Naturen. — 5. Derjenige, welcher[6] zwar Reichthum und Stärke und Tapferkeit, aber Ungerechtigkeit und Uebermuth hat, ist nicht glücklich, sondern unglücklich. — 6. Mit Essen und Trinken ist Freude verbunden[7]. — 7. Es ist nothwendig, dass[8] in den Staaten Herrschende und Beherrschte[9] sind. 8. Durch[10] Mangel an Bildung und schlechte Erziehung und Einrichtung der Staatsverfassung entstehen Bösewichte. — 9. Von[11] den Substantiven sind[3] die einen[12] männlich, die andern[12] weiblich, noch andere[12] zwischen beiden[13]. — 10. Einige nennen den Uebermuth freie Bildung, die Zügellosigkeit Freiheit, die Unverschämtheit Mannhaftigkeit. — 11. Derjenige, welcher[6] sich den Wissenschaften widmet, muss[14] an[15] Arbeitsliebe nicht erlahmen[16], nicht halb[17] arbeitsliebend, halb[17] arbeitsscheu sein. — 12. Die Sonne gewährt den Dingen nicht nur die Eigenschaft der Sichtbarkeit[18], sondern auch Entstehung und Wachsthum und Gedeihen.

[1]) §. 8. I. §. 4. I. — [2]) über das (Neutr. Plur.) im Hades. §. 6. I. III. — [3]) §. 4. II. — [4]) hat nicht Erkenntlichkeit. — [5]) *ἐμποιεῖ*. — [6]) §. 8. I. — [7]) der Speise und dem Trinken folgt (*συμπαρέπεσθαι*) Freude. — [8]) Acc. c. inf. — [9]) Part. Präs. Pass. — [10]) *διά* c. acc. — [11]) Genitiv. — [12]) §. 5. II. — [13]) *μεταξύ*. — [14]) §. 5. III. — [15]) Dativ. — [16]) lahm sein. — [17]) die Hälfte. Acc. Plur. — [18]) *τοῦ ὁρᾶσθαι*, des Gesehenwerdens. §. 5. I. §. 2. II.

### §. 11. Die dritte Declination. 5. Die Stämme auf ευ, αυ, ου.

I. „So" zu Anfang des Nachsatzes wird im Griechischen, wie im Lateinischen, nicht übersetzt.

1. Die alten Frauen erzählen gern[1] Mährchen. — 2. Die Kinder der vornehmen Perser[2] werden bei Hofe[3] erzogen. — 3. Die Eltern müssen[4] über die Kinder herrschen. — 4. Der Stand[5] der Priester und Wahrsager[2] hat ein ehrwürdiges Ansehn wegen der Grösse des Amtes[6]. — 5. Die Kinder müssen[4] den Eltern gehorsam sein. — 6. Die Hirten mästen die Schafe und Rinder. — 7. Die Rindviehzucht ist die[7] Behandlung der Rinder. — 8. Eltern des Eros werden von[8] den Dichtern nicht genannt. — 9. Schmiede nennen[9] wir diejenigen, welche[10] das Eisen bearbeiten. 10. Ein Rind herrscht nicht über das andere[11], auch nicht[12] eine Ziege über die andere[11], sondern der Mensch herrscht über die Rinder und Ziegen. — 11. Ein Töpfer ist Feind dem andern[11] und ein Bettler dem andern[11] und ein Sänger dem andern[11]. — 12. Wenn auch ein Kind einmal mit[13] den Eltern zerfallen ist, so liebt es [sie doch] und wird von den Eltern geliebt und immer zu[14] den Eltern fliehend

findet es [in ihnen die] einzigen¹⁵ unentbehrlichen¹⁶ Bundesgenossen. — 13. Dareios ist nicht der⁷ Sohn eines Königs. — 14. Die Reiter der Skythen² kämpfen nicht weniger fliehend als verfolgend. — 15. Vernachlässigung¹⁷ der Eltern und Unehrerbietigkeit gegen¹⁸ die Götter ziemen sich nicht für einen guten Menschen. — 16. Menötes weidet in Erytheia die Kühe des¹⁹ Hades². — 17. Eine Rede darf⁴, wie ein lebendes Wesen, nicht ohne Kopf und Fuss sein, sondern muss⁴ einen Anfang und ein Ende haben. — 18. Das²⁰ Feuer haben die Menschen von²¹ Prometheus, die²⁰ Künste von²¹ Hephästos. — 19. Durch²¹ die Priester erhalten die Götter die Geschenke der Menschen².

¹) freuen sich erzählend Mährchen. — ²) §. 2. II. — ³) bei (ἐπί c. dat.) den Thüren [des] Königs. §. 2. II. — ⁴) §. 5. III. — ⁵) S. Geschlecht. — ⁶) der Unternehmungen. — ⁷) §. 2. III. — ⁸) §. 9. II. — ⁹) §. 10. I. — ¹⁰) §. 8. I. — ¹¹) §. 3. II. — ¹²) Ein Wort! — ¹³) Dativ. — ¹⁴) πρός c. acc. — ¹⁵) S. allein. — ¹⁶) S. nothwendig. — ¹⁷) Plural. — ¹⁸) Genitiv. — ¹⁹) §. 9. I. — ²⁰) §. 8. II. — ²¹) παρά c. gen.

### §. 12. Die dritte Declination. 6. Die Stämme auf o und ω.

1. Die Einen¹ nennen² die³ Io eine Tochter des³ Iasos, die Andern¹ eine Tochter des³ Inachos. — 2. Die Feindschaften der Götter und Heroen gegen ihre⁴ Verwandten⁵ sind mannigfach. — 3. Nicht der Redner allein⁶ bewirkt⁷ Ueberzeugung, sondern auch andere Menschen. — 4. Wenn die Kinder gegen⁸ die Gesetze über die Ehrfurcht und Pflege in Anschung⁹ der Eltern⁵ handeln, handeln sie weder fromm¹⁰, noch gerecht¹⁰. — 5. Man sagt¹¹, dass¹² Leto eine milde Gottheit sei. — 6. Die Heroen sind Halbgötter, entweder Söhne eines Gottes und einer Sterblichen oder einer Göttin und eines Sterblichen.

7. Einige nennen² die Schamhaftigkeit Einfalt, die Besonnenheit Unmännlichkeit, die Mässigkeit und einen geregelten Aufwand bäurisches und unfreies Wesen. — 8. Platon sagt, dass¹² die Mören, Lachesis und Klotho und Atropos, Töchter der Nothwendigkeit seien. — 9. Nach den Göttern opfern wir den Dämonen, nach den Dämonen aber den Heroen. — 10. Platon nennt² die³ Sappho schön, den³ Anakreon weise. — 11. Der Herrscher vereinigt die Bürger durch¹³ Ueberredung und Zwang. — 12. In Libyen giebt es¹⁴ Hyänen und wilde Widder und Schakale und Panther.

**Gemischte Aufgaben über die Vokalstämme der dritten Declination.**

1. Jeder ist nicht durchaus gleich einem Jeden, sondern verschieden hinsichtlich¹⁵ seiner¹⁶ Natur. — 2. Wegen des Raubes der

Helene[5] waren[17] den Achäern und Troern Kämpfe. — 3. Die[18] schönen Beschäftigungen bringen in den Besitz der Tugend, die[18] hässlichen in den Besitz des Lasters. — 4. In[19] Aegypten ist es nicht erlaubt[20], dass[21] ein König ohne[22] Priesterthum herrscht. — 5. Die Eltern müssen[23] den Kindern sittliche Scheu[24], nicht Geld zurücklassen. — 6. Die Katzen fangen und verzehren die Mäuse. — 7. Die Götter sind den Menschen, die Schamhaftigkeit besitzen[25], Begleiter. — 8. Die Opferkuchen sind[26] breite und dünne Kuchen. 9. Durch[13] den Besitz der Güter sind wir glücklich. — 10. Die Rhapsoden sind die[27] Erklärer des Sinnes[28] der Dichter. — 11. Homer nennt[2] den Okeanos und die Mutter Thetys den[27] Urquell der Götter. — 12. Die Ehre[29] der Eltern[5] ist ein schöner Schatz für[13] die Nachkommen. — 13. Die Leidenschaften[30] verursachen[31] den Staaten Feindschaften und Kriege und Aufstände. — 14. Ueber[32] den Besitz von Geld[5] entstehen oft[33] Kämpfe. — 15. Die Fischer fangen[34] in den Flüssen und im Meere Fische. — 16. Die Wahrnehmung durch die Ohren[5] ist voll[35] von Täuschung, voll [von Täuschung] auch die durch die Augen und die anderen Sinne[36].

[1]) §. 5. II. — [2]) §. 10. I. — [3]) §. 9. I. — [4]) Der blosse Artikel: gegen die Verw. — [5]) §. 2. II. — [6]) orator solus. — [7]) $\pi o \iota \epsilon \tilde{\iota}$. — [8]) $\pi a \varrho \acute{a}$ c. acc. — [9]) $\pi \epsilon \varrho \acute{\iota}$ c. gen. — [10]) thun sie weder Frommes, noch Gerechtes. §. 4. I. — [11]) dicunt. — [12]) §. 6. II. — [13]) Dativ. — [14]) sunt. — [15]) Accus. — [16]) Der blosse Artikel: hinsichtlich der Natur. — [17]) $\check{\eta} \sigma a \nu$. — [18]) §. 8. II. — [19]) $\pi \epsilon \varrho \acute{\iota}$ c. acc. — [20]) $\check{\epsilon} \xi \epsilon \sigma \tau \iota$. — [21]) Acc. c. inf. — [22]) $\chi \omega \varrho \acute{\iota} \varsigma$ c. gen. — [23]) §. 5. III. — [24]) S. Scham. — [25]) welche (oî) der Schamhaftigkeit theilhaftig sind. — [26]) §. 4. II. — [27]) §. 2. III. — [28]) S. Denkart. — [29]) Plural. — [30]) S. Begierde. — [31]) S. vollenden. — [32]) $\delta \iota \acute{a}$ c. acc. — [33]) §. 1. IV. — [34]) S. fischen. — [35]) S. angefüllt. — [36]) S. Empfindung.

## §. 13. Die dritte Declination. 7. Die Stämme, die ihr σ ausstossen.

I. Wird zu einem Nomen proprium als Apposition hinzugefügt: „der Sohn des", so wird das Wort $v\acute{\iota}ó\varsigma$ (Sohn) gewöhnlich ausgelassen und der blosse Artikel gesetzt. Kyros, der Sohn des Kambyses, $K\tilde{v}\varrho o\varsigma\ \acute{o}\ Ka\mu\beta\acute{v}\sigma ov$.

1. Du sprichst wahr[1]. — 2. Die Mauern der Athener[2] und die Häfen sind entstanden[3] nach[4] dem Rathe des Themistokles und Perikles[2]. — 3. Die[5] Ungerechtigkeit verursacht[6] Aufstände und Hass[7] und Kämpfe, die[5] Gerechtigkeit aber Einigkeit und Freundschaft. — 4. Die[5] Schlechten, die Macht haben[8], werden oft glücklich gepriesen, die[5] Guten aber, [die] schwach und arm [sind], gering geachtet. — 5. Die Arzeneikunst ist die[9] Wissenschaft vom[10] Gesunden[11] und Krankhaften[11]. — 6. Von[10] den Reden giebt es[12] eine zweifache Art, die eine[13] ist wahr, die andere[13] Lüge. —

7. Eine tyrannische Natur hat wahre Freiheit und Freundschaft nicht erfahren[14]. — 8. Einige führen ihr[15] Geschlecht auf[16] Herakles, den Sohn des Amphitryon, zurück. — 9. Wir tadeln die Lügen und Täuschungen. — 10. Dem[5] denkenden Theile der Seele[2] kommt es zu[17] zu herrschen, dem[5] zornigen aber gehorsam zu sein. — 11. Die Gutmüthigen sind leicht zu betrügen von den Ungerechten. — 12. Diejenigen, welche[13] mit unheilbaren Leiden behaftet sind, sind unglücklich. — 13. Die Menschen stellen sich nicht immer Wahres[11] vor, sondern bald Wahres[11], bald Falsches[11]. — 14. Homer sagt, dass[19] in den Menschen [etwas] Gottähnliches ist. — 15. Ich bewundere den Sokrates[10], wie leicht und gelassen er das Missgeschick erträgt. 16. Willkommen[20], o Sokrates, Sohn des Sophroniskos und der Phänarete! — 17. Die[5] Gerechten sind gottgeliebt, die[5] Ungerechten gottverhasst. — 18. Gemeines Wesen bringt Schande. — 19. Man muss[21] die Kinder niemals an[22] schlechte Sitten gewöhnen. — 20. Nur der Gute ist nur dem Guten befreundet[23], der Schlechte aber gelangt[24] weder mit[25] dem Guten noch mit[25] dem Schlechten zu[16] einer wahren Freundschaft. — 21. Die[5] Könige der Lakedämonier[2] sind Nachkommen des[26] Herakles, die[5] Könige der Perser Nachkommen des Achämenes; sowohl das Geschlecht des Herakles aber, als auch das des Achämenes wird auf[16] Perseus zurückgeführt.

[1]) Wahres. §. 4. I. — [2]) §. 2. II. — [3]) γεγόνασι(ν). — [4]) ἐκ c. gen. — [5]) §. 8. II. — [6]) S. gewähren. — [7]) Plural. — [8]) Macht habend. — [9]) §. 2. III. — [10]) Genitiv. — [11]) §. 4. I. — [12]) est. — [13]) §. 5. II. — [14]) ich habe nicht erfahren, ἄγευστός εἰμι, etwas, gen. — [15]) Der blosse Artikel: das Geschl. — [16]) εἰς c. acc. — [17]) προςήκει. — [18]) §. 8. 1. — [19]) §. 6. II. — [20]) Freue dich. — [21]) §. 5. III. — [22]) Accusativ. — [23]) solus bonus soli bono amicus. — [24]) S. kommen. — [25]) Dativ. — [26]) §. 9. I.

## §. 14. Die dritte Declination. 8. Die Stämme, die ihr τ ausstossen.

1. Im Greisenalter ist Ruhe und Freiheit von[1] Begierden. — 2. Das Rindfleisch[2] ist den Menschen zuträglich für[3] den Körper[2]. — 3. Ehrengeschenke anzunehmen und einer würdigen Bestattung theilhaftig zu sein ist schön[4]. — 4. An[1] den Uebeln des Alters[5] ist nicht das Alter[5] schuld, sondern der Charakter der Menschen; denn wenn[6] sie ordentlich und genügsam sind, ist auch das Alter mässig mühevoll, wenn aber[6] nicht[7], ist sowohl das Alter, als auch die Jugend lästig. — 5. Das, was[8] gegen[9] die Natur geschieht, ist[10] Wunder[2]. — 6. Die Dichter erzählen, dass[11] das Horn der[12] Amaltheia[13] Speise[14] und Trank in Ueberfluss[15] gewähre.
7. Wir nennen[16] das Greisenalter den[17] Abend des Lebens und den Abend das[17] Greisenalter des Tages. — 8. Die Gaben der Men-

schen¹³ sind¹⁰ den Göttern Ehrenbezeigungen¹⁸ und Ehrengeschenke. — 9. Die Ziegen stossen mit¹⁹ den Hörnern. — 10. Den Menschen ist der Wein ein gegen¹ das Herbe des Greisenalters schützendes Heilmittel¹³. — 11. Der Mond hat von²⁰ der Sonne das Licht und den Glanz. — 12. Der Koch schlachtet und häutet aus und zerschneidet das Fleisch² und kocht [es]. — 13. Du antwortest wunderbare Dinge²¹. — 14. Melesias, der Sohn des²² Thukydides, lebte²³ bis zum²⁴ Greisenalter.

¹) Genitiv. — ²) Plural. — ³) πρός c. acc. — ⁴) §. 7. I. — ⁵) S. Greisenalter. — ⁶) §. 8. II. — ⁷) μή. — ⁸) §. 8. I. §. 4. I. — ⁹) παρά c. acc. — ¹⁰) §. 4. II. — ¹¹) §. 6. II. — ¹²) §. 9. I. — ¹³) §. 2. II. — ¹⁴) S. Nahrungsmittel. — ¹⁵) Adjectiv, auf die Obj. bezogen. — ¹⁶) §. 10. I. — ¹⁷) §. 2. III. — ¹⁸) S. Ehre. — ¹⁹) Dativ. — ²⁰) ἀπό c. gen. — ²¹) Wunder. — ²²) §. 13. I. — ²³) ἐβίω. — ²⁴) μέχρι c. gen.

### §. 15. Die dritte Declination. 9. Die Stämme, die ihr ν ausstossen.

I. Von den zu ἀγαθός (gut) gehörigen Comparativen bezeichnet ἀμείνων (Sup. ἄριστος) den Tüchtigeren, den Besseren hinsichtlich seiner Brauchbarkeit und Tauglichkeit, κρείσσων (Sup. κράτιστος) den Stärkeren, den Besseren hinsichtlich seiner körperlichen und geistigen Kraft und äusseren Macht, βελτίων (Sup. βέλτιστος) den Besseren hinsichtlich der inneren Güte.

II. Von den zu κακός (schlecht) gehörigen Comparativen bezeichnet κακίων (Sup. κάκιστος) im allgemeinsten Sinne den Schlechteren, ἥσσων den an Kräften Unterlegenen, den Schwächeren, χείρων (Sup. χείριστος) den Geringeren, dem es an Vorzügen fehlt.

1. Theseus hat den Poseidon, Ion den Apollon zum Vater¹. — 2. Durch² Beides, [durch] Armuth und Reichthum, werden die Menschen oft schlechter. — 3. Ist es³ gerecht, dass⁴ der Stärkere die Güter⁵ der Schwächeren mit⁶ Gewalt fortschleppt und der Bessere über die Schlechteren⁷ herrscht und der Tüchtigere mehr⁸ hat, als der Untauglichere⁹? — 4. Wir finden nicht in einem anderen Staate mehr¹⁰ Klagen und Seufzer und Trübsale, als in einem von einem Tyrannen beherrschten¹¹. — 5. Der¹² Stärkere muss¹³ herrschen, der¹² Schwächere beherrscht werden.

6. Aus geringeren¹⁴ Staaten werden grössere¹⁵ und aus grösseren geringere, aus schlechteren⁷ werden bessere und aus besseren schlechtere. — 7. Man kann¹⁶ besser¹² sein, aber schwächer, als ein Anderer. — 8. Wir wünschen geringeren¹⁴ Schmerz mit grösserem¹⁵ Vergnügen, aber geringeres Vergnügen mit grösserem Schmerz wünschen wir nicht. — 9. Die nicht¹⁷ nothwendigen Begierden, von den Gesetzen und den besseren Trieben gebändigt,

werden entweder gänzlich entfernt oder es bleiben wenige und schwache übrig. — 10. Die[12] Stärkeren und Tüchtigeren gebieten, die[12] Schwächeren und Schlechteren[7] sind unterthan.

**Gemischte Aufgaben über die elidierenden Stämme der dritten Declination.**

1. Ruhm und Lob bei[18] den Menschen und Göttern ist gut und schön. — 2. Die Rhapsoden tragen die Heldengedichte des Homer[19] vor[20]. — 3. Ueber[21] die nämlichen Ereignisse[22] sind die einen[23] überaus erfreut, die anderen[23] überaus betrübt. — 4. Die Menschen thun mehr[10] Schlechtes[24], als Gutes[24]. — 5. Das Greisenalter ist oft missvergnügt und peinlich und unzufrieden. — 6. Die Athener sind unvermischt mit[25] den Barbaren und desshalb[26] sind sie edel und frei. — 7. Die Menge ist voll[27] Zank[28] und Scheinweisheit und Irrthum[29]. — 8. Die[30] Volksherrschaft ist die Herrschaft der Menge[19]. — 9. Die jungen [Leute] fassen leicht[31].

10. Dasjenige, was[32] antreibt, dem Schmerze zu widerstehen, ist die[30] Vernunft, dasjenige aber[32], was zum Schmerze fortreisst[33], die[30] Leidenschaft. — 11. Menschen, mit allzu hohem Alter[34] behaftet, fehlen oft[35]. — 12. Denjenigen, der[36] Widerwillen gegen[37] die Wissenschaften hat, nennen wir[38] nicht wissbegierig. — 13. Den Athenern verdanken die Griechen mehr[10] Güter, als den Lakedämoniern[39]. — 14. Ioleos ist der[30] Neffe des[40] Herakles. — 15. Zopyros, ein vor[2] Alter[34] unbrauchbarer Hausclave des Perikles, war[41] der[30] Erzieher des[40] Alkibiades[6]. — 16. Von einem Schlechteren[42] beherrscht zu werden ist eine Strafe.

¹) *habet patrem.* — ²) ὑπό c. gen. — ³) Ἆρ' ἔστι. — ⁴) Acc. c. Inf. — ⁵) τά. — ⁶) Dativ. — ⁷) = Geringere. — ⁸) πλέον. — ⁹) φαυλότερος. — ¹⁰) πλείων. — ¹¹) Part. Präs. Pass. — ¹²) §. 8. II. — ¹³) §. 5. III. — ¹⁴) ἐλάττων. — ¹⁵) μείζων. — ¹⁶) ἔστι(ν). — ¹⁷) μή. — ¹⁸) πρός c. gen. — ¹⁹) §. 2. II. — ²⁰) S. singen. — ²¹) ἐπί c. dat. — ²²) S. Leiden. — ²³) §. 5. II. — ²⁴) §. 4. I. — ²⁵) Genitiv. — ²⁶) διὰ τοῦτο. — ²⁷) angefüllt mit Z. — ²⁸) Plural. — ²⁹) S. Lüge. — ³⁰) §. 2. III. — ³¹) sind leicht fassend. — ³²) §. 8. I. II. — ³³) zieht. — ³⁴) S. Greisenalter. — ³⁵) §. 1. IV. — ³⁶) §. 8. I. — ³⁷) περί c. acc. — ³⁸) §. 10. I. — ³⁹) Die Athener waren den Griechen Ursache (im Griech. ein Adj.) von (gen.) mehr Gütern, als die Lak. — ⁴⁰) §. 9. I. — ⁴¹) ἦν. — ⁴²) κακίων.

## §. 16. Die anomalen Substantiva.

1. Es ist die Pflicht[1] eines besonnenen Mannes das Geziemende[2] zu erstreben und das nicht[3] Geziemende zu fliehen. — 2. Es ist nothwendig, dass[4] die Soldaten, wie die Hunde, wachsam sind und auf[5] den Feldzügen Veränderungen des Wassers und der anderen Nahrungsmittel und der Sonnenhitze[6] und des Winterwetters[6] erleidend[7] in[8] der Gesundheit nicht[3] wankend sind. —

3. Es ist ein Fehler, dem Steuermann nicht[3] die Wahrheit[9] über das Schiff und die Schiffer zu sagen. — 4. Mund und Nase und Augen und Ohren sind Theile[10] des Gesichtes[11]. — 5. Die Väter stellen den Söhnen vor, wie nöthig es ist gerecht zu sein. — 6. Es ist die Art[12] edler Hunde, gegen[8][13] Bekannte freundlich, gegen[8][13] Unbekannte das Gegentheil zu sein. — 7. Ich unterhalte mich gern[14] mit den Alten. — 8. Die Bestimmung[15] der Augen ist das Sehen[16], die Bestimmung[15] der Ohren das Hören[16]. — 9. Die Männer und Frauen treiben nicht das Nämliche[17]; denn sie sind hinsichtlich[18] der Natur verschieden. — 10. Diejenigen, welche[19] [etwas] in den Händen haben, suchen[20] zuweilen, was[21] sie haben. — 11. Homer nennt[22] den[23] Minos einen Gesellschafter des[23] Zeus. — 12. Die Vögel kämpfen um[24] die Jungen gegen starke Thiere und ertragen[25] Gefahren. — 13. Der Wolf ist dem Hunde ähnlich. 14. Es ist wunderbar, dass[26] von[27] guten Vätern schlechte Söhne stammen[28] und von[27] schlechten gute. — 15. Diomedes, der Sohn[29] des Ares und der Kyrene, war[30] König des thrakischen Stammes der Bistonen. — 16. Das Eine[31] ist[32] nützlich für[33] die Menschen, das Andere[31] für die Pferde, das Andere für die Rinder, das Andere für die Hunde, das Andere für die Bäume. — 17. Das Geschlecht des[23] Alkibiades[34] wird auf[18] Eurysakes, das des Eurysakes auf Zeus zurückgeführt. — 18. Die Stummen bezeichnen die Dinge mit[33] den Händen und dem Kopfe und dem übrigen Körper. — 19. Die (beiden) Söhne des[23] Perikles[34] waren einfältig.

¹) §. 3. I. — ²) §. 4. I. — ³) μή. — ⁴) §. 5. III. — ⁵) ἐν c. dat. — ⁶) Plural. — ⁷) μεταβάλλων, οντος. — ⁸) πρός c. acc. — ⁹) das Wahre. §. 4. I. — ¹⁰) S. Theilchen. — ¹¹) S. Antlitz. — ¹²) S. Gewohnheit. — ¹³) §. 8. II. — ¹⁴) Ich freue mich mich unterhaltend mit den Alten (πρέσβυς). — ¹⁵) S. Werk. — ¹⁶) §. 5. I. — ¹⁷) τὰ αὐτά. — ¹⁸) εἰς c. acc. — ¹⁹) §. 8, I. — ²⁰) ζητοῦσι(ν). — ²¹) ὅ. — ²²) §. 10. I. — ²³) §. 9. I. — ²⁴) περί c. gen. — ²⁵) κινδυνεύειν. — ²⁶) Acc. c. Inf. — ²⁷) Genitiv. — ²⁸) werden. — ²⁹) §. 13. I. — ³⁰) ἦν. — ³¹) §. 5. II. §. 4. I. — ³²) §. 4. II. — ³³) Dativ. — ³⁴) §. 2. II.

## §. 17. Die anomalen Adjectiva.

I. Οἱ πολλοί heisst 1. die Menge, 2. die Meisten.
II. Wenn πολύς noch ein Adjectivum bei sich hat, so wird es mit demselben durch καί verbunden. Viele bewundernswerthe Orte, πολλοὶ καὶ θαυμαστοὶ τόποι.
III. Πᾶς und ὅλος werden meistentheils einem mit dem Artikel versehenen Substantiv vor- oder nachgestellt. Πᾶσαν ὑμῖν τὴν ἀλήθειαν λέγω, ich sage euch die Wahrheit ganz. Πᾶς im Singular vor einem Substantiv ohne Artikel heisst: „jeder", πᾶσα πόλις, jeder Staat.

1. Vieles[1] ist[2] für[3] Junge nicht zuträglich zu hören. — 2. Wir finden nicht eine zugleich sanfte und heftige Sinnesart; denn eine

sanfte Natur ist einer heftigen entgegengesetzt. — 3. Wir sind alle Brüder. — 4. Nichts von[4] dem Grossen[1] ist leicht. — 5. Die Soldaten müssen[5] gegen die[6] Bürger freundlich sein, gegen die[6] Feinde aber hart. — 6. Der Anfang ist die[7] Hälfte des Ganzen. — 7. Die Menge ist leicht veränderlich. — 8. Alles Grosse[1] ist[2] unsicher. — 9. Wenn die Begierden nachlassen, werden wir von vielen rasenden Herren befreit. — 10. In allen Versammlungen und gemeinschaftlichen Unternehmungen[8] muss[5] ein Leiter sein.
11. Um der Güter willen thun wir Alles[1]. — 12. Die Besonnenheit und Tapferkeit und Freimüthigkeit und Seelengrösse achten wir weder im Grossen[1] noch im Kleinen[1] gering. — 13. Viele Frauen sind zu[9] Vielem[1] tüchtiger[10], als viele Männer. — 14. Die Hunde sind freundlich gegen die Bekannten. — 15. Alle grossen und vielen Arbeiten kommen den Jungen zu[11]. — 16. Die Menschen suchen mit vieler Anstrengung Geld zu erlangen. — 17. Die Jugend hat Zunahme in[9] Allem. — 18. Die Sanften und Neidlosen behandeln die nicht[12] Feindlichen und nicht[12] Neidischen nicht feindselig. — 19. Gott ist nicht Urheber von Allem[1], sondern nur von dem Guten[1].

**Gemischte Aufgaben über die anomalen Substantiva und Adjectiva.**

1. Ruhig zu sein[13] im eigenen Missgeschicke[14] ist das Zeichen[15] eines Mannes, zu weinen aber das Zeichen[15] einer Frau. — 2. Viele kleine[16] Kränkungen[17] der Nachbarn[18] bringen oft[19] grosse Feindschaft hervor und machen[20] die Nachbarschaft lästig und widerwärtig. — 3. Die Bakchen schöpfen aus den Flüssen Honig und Milch, wenn sie begeistert sind[21], wenn sie aber nüchtern[22] sind, nicht. — 4. Zeus ist der[7] Herrscher und König über[4] Alles[1]. — 5. Für[3] einen Steuermann ist es nöthig auf[4] die Jahreszeiten und den Himmel und die Sterne und die Winde Acht zu haben[23], wenn er in Wahrheit[24] zum Leiten eines Schiffes geeignet sein will[25].
6. Die Hunde müssen[5] mitwachen und mitjagen. — Alles Gold auf der Erde und unter[26] der Erde ist nicht so viel werth, wie[27] die Tugend[4]. — 8. Die Frauen der Lakedämonischen Könige[18] werden öffentlich[19] von[28] den Ephoren bewacht. — 9. Der Adler ist dem[4] Zeus heilig[29]. — 10. In[30] Kreta hat man[31] nicht das Bedürfniss nach[4] vielen Pferden. — 11. Von[4] den Gegenden sind die einen[32] für[3] die Menschen gut wegen der Winde, die andern wegen des Wassers, noch andere wegen der aus der Erde [spriessenden] Nahrung. — 12. Unwissenheit ist für[3] Alle ein Uebel. — 13. Die Adler rauben die Lämmer.

[1]) §. 4. I. — [2]) §. 4. II. — [3]) Dativ. — [4]) Genitiv. — [5]) §. 6. III. — [6]) §. 8. II. — [7]) §. 2. III. — [8]) und in der Gemeinschaft (Plur.) der Hand-

lungen. — ⁹) εἰς c. acc. — ¹⁰) βελτίων. — ¹¹) εἶναι c. gen.: sind [Arbeiten] der Jungen. — ¹²) μή. — ¹³) S. Ruhe halten. §. 8. II. — ¹⁴) Plural. — ¹⁵) §. 3. I. — ¹⁶) §. 17. II. — ¹⁷) S. Nachtheil. — ¹⁸) §. 2. II. — ¹⁹) §. 1. IV. — ²⁰) §. 7. II. — ²¹) Präs. Pass. — ²²) S. verständig. — ²³) ἐπιμέλειαν ποιεῖσθαι. — ²⁴) τῷ ὄντι. — ²⁵) zu sein gedenkt. — ²⁶) ὑπό c. gen. — ²⁷) ἀντάξιος. — ²⁸) §. 9. II. — ²⁹) S. geweiht. — ³⁰) κατά c. acc. — ³¹) ist. — ³²) §. 5. II.

## §. 18. Die erste Comparationsform.

I. Dem lateinischen *quam* beim Comparativ entspricht im Griechischen ἤ. Statt ἤ mit folgendem Nominativ oder Accusativ kann, wie im Lateinischen der Ablativ, im Griechischen der Genitiv stehen. σοφώτερός ἐστιν ἢ ὁ ἀδελφός = τοῦ ἀδελφοῦ, *sapientior est quam frater* oder *fratre*.

II. Der Superlativ bezeichnet, wie im Lateinischen, nicht immer den höchsten, sondern oft nur einen sehr hohen Grad. σοφώτατος, weisester und sehr weise.

III. Der Superlativ wird durch ὡς und ὅτι gesteigert. ὡς oder ὅτι σοφώτατος, *quam sapientissimus*, so weise als möglich.

1. Die Einen[1] sind weiser, als die Anderen[1]. — 2. Gott ist auf keine Weise ungerecht, sondern so gerecht als möglich und Niemand ist ihm² ähnlicher, als der, welcher³ seinerseits so gerecht als möglich wird. — 3. Die Scharfsinnigen und Gewandten und leicht Fassenden sind mehr leidenschaftlich[4] als männlich[4]. — 4. Die Gerechtigkeit ist ein köstlicheres Ding, als vieles Geld. — 5. Die Erziehung der Kinder[5] ist sehr mühevoll. — 6. Kyros, der Sohn[6] des Dareios, war der[7] königlichste Mann der Perser und der[7] würdigste zu herrschen. — 7. Es ist offenbar, dass die Aelteren[8] die Herrschenden sein müssen[9], die Jüngeren aber die Beherrschten[10].

8. Das Vaterland ist bei Göttern und Menschen, die Verstand haben[11], köstlicher und ehrwürdiger und heiliger, als Vater und Mutter und die Vorfahren alle. — 9. Sokrates sagt: der Ungerechte ist ganz unglücklich, mehr unglücklich[4] aber, wenn er Strafe nicht[12] erlangt, weniger unglücklich, wenn er Strafe von Göttern und Menschen erlangt. — 10. Die[13] Natur des Mannes[5] ist stärker, die[13] der Frau ist schwächer. — 11. Die Schmeichler sind die[7] artigsten [Menschen] von der Welt[14]. — 12. Die Ordentlichsten werden die[7] Reichsten. — 13. Das Gesicht ist die[7] schärfste der durch den Körper [vermittelten] Empfindungen[5].

14. Der Vater ist für[15] Jeden der[7] älteste[16] der Freunde. — 15. Der Eine[1] ist unwissender als der Andere[1]. — 16. Perikles ist der[7] vollkommenste von[17] allen Rednern. — 17. Homer ist der[7] anmuthigste Dichter. — 18. Die Verpflichtungen gegen Fremde sind[18] so heilig als möglich; denn der Fremde, da er verlassen ist[19] von Freunden und Verwandten[20], ist Menschen und Göttern bedauernswerther. — 19. Das Königthum der Lakedämonier[5] ist das[7] älteste[21] von[17] allen. —

20. Das Leben des Gerechten[5] ist gewinnreicher, als das des Ungerechten. — 21. An[15] Gold und Silber sind die Lakedämonier die[7] reichsten von[17] den Griechen.

[1]) ἕτερος — ἕτερος. — [2]) αὑτῷ. — [3]) ὅς, qui. — [4]) Comparativ. — [5]) §. 2. II. — [6]) §. 13. I. — [7]) §. 2. III. — [8]) alt: πρέσβυς. — [9]) dass (ὅτι) es nöthig ist, dass (§. 5. III.) die Aelteren d. Herrsch. sind. — [10]) Part. Präs. Pass. — [11]) und Verstand habenden Menschen. — [12]) μή. — [13]) §. 8. II. — [14]) von Allen (Gen.). — [15]) Dativ. — [16]) antiquissimus. — [17]) Genitiv. — [18]) §. 4. II. — [19]) verlassen seiend von (Gen.) Fr. — [20]) S. von gleichem Geschlecht. — [21]) antiquissima.

## §. 19. Abweichungen in der ersten Comparationsform.
## Die zweite Comparationsform.

1. Diejenigen, welche[1] krank sind, sagen, dass[2] Nichts angenehmer ist, als das[3] Gesundsein. — 2. Der Besonnenste wird von den Vergnügungen nicht beherrscht, sondern herrscht über die Vergnügungen. — 3. Die Maler machen[4] von ihren Arbeiten[5] die einen[6] schöner[7], die andern[6] hässlicher. — 4. Die Söhne der Reichen[9] fangen am frühesten an in die Schule[9] zu gehen[10] und werden [aus derselben] am spätesten entfernt. — 5. Von[11] den Schlechtigkeiten ist die Schlechtigkeit der Seele[8] die[12] hässlichste. — 6. Ein Sieg bringt zuweilen Rohheit[13]; denn Viele werden durch[14] Siege übermüthiger. — 7. Das Vergnügen des Theiles der Seele[8], mit dem[15] wir lernen, ist das[12] angenehmste.

8. Das ungerechte Leben ist nicht nur schimpflicher und nichtswürdiger, sondern auch unangenehmer, als das gerechte und fromme Leben. — 9. Bei den Persern sind vier Männer, der weiseste und der gerechteste und der besonnenste und der tapferste, die[12] königlichen Erzieher. — 10. Ein guter Redner sagt das Gute[16], sei es angenehm[17] oder unangenehm[17] den Hörenden. — 11. Der[12] glücklichste ist der, welcher[1] Schlechtigkeit in der Seele nicht[18] hat. — 12. Das Entgegengesetzteste[16] ist[19] das[12] feindlichste[20]; das Kalte ist dem Warmen, das Bittere dem Süssen, das Trockene dem Nassen am feindlichsten[20]. — 13. Wir tadeln den Aelteren, der geirrt hat[21], mehr, als den Jüngeren.

[1]) §. 8. I. — [2]) §. 6. II. — [3]) §. 5. I. — [4]) παρέχεσθαι. — [5]) von (Gen.) den Werken. — [6]) §. 5. II. — [7]) καλλίων. — [8]) §. 2. II. — [9]) in (εἰς c. acc.) [das Haus] der Lehrer. Vgl. §. 6. III. — [10]) φοιτᾶν. — [11]) Genitiv. — [12]) §. 2. III. — [13]) S. Mangel an Bildung. — [14]) διά c. acc. — [15]) ᾧ. — [16]) §. 4. I. — [17]) Comparativ. — [18]) μή. — [19]) §. 4. II. — [20]) inimicissima. S. Feind. — [21]) den geirrt habenden (σφαλείς, έντος) Aelteren.

## §. 20. Anomale Comparation.

1. Alkibiades, der Sohn[1] des Kleinias, war[2] sehr[3] schön und gross, dann[4] [stammte er] von[5] einem sehr[3] kraftvollen Geschlechte in der grössten von[5] den griechischen Städten und hier

hatte⁶ er von Seiten⁷ des Vaters sehr³ viele und vornehme Freunde und Verwandte⁸, nicht schlechtere aber und wenigere als diese⁹ von Seiten⁷ der Mutter. — 2. Es ist nicht leichter zu fragen, als zu antworten. — 3. Es ist besser selbst¹⁰ widerlegt zu werden, als einen Andern zu widerlegen; denn es ist ein grösseres Gut selbst¹⁰ von einem Irrthum¹¹ befreit zu werden, als einen Andern [davon] zu befreien. — 4. Das Leben der Olympiasieger¹² ist das¹³ schönste und beste.
5. Unerfahrenheit ist nirgends das¹³ grösste Uebel, sondern Vielwisserei wird mit schlechter Leitung¹⁴ ein viel grösserer Schaden. — 6. Der Eine¹⁵ ist besser, der Andere¹⁵ schlechter, nicht alle sind gleich. — 7. Das Schönste ist das¹³ liebenswürdigste. — 8. Wenn es einen leichteren und kürzeren Weg giebt¹⁶, gehen wir nicht den beschwerlicheren¹⁷ und längeren. — 9. Das Gute ist viel seltener¹⁸, als das Schlechte. — 10. Von⁵ den Affen der schönste ist hässlich im Vergleich mit¹⁹ dem Menschen. — 11. Der Tod ist das¹³ kleinste von⁵ den Uebeln. — 12. Die¹³ wenigsten von⁵ allen sind die Weisen. — 13. Wo das Bessere über das Schlechtere herrscht, [da] ist Besonnenheit.
14. Es giebt¹⁶ nicht ein grösseres Gut für²⁰ die Menschen, als die Gesundheit. — 15. Die Feigheit ist das¹³ äusserste der Uebel. — 16. Ein Mann, in dessen Seele²¹ schöne Eigenschaften²² sind, ist der¹³ schönste Anblick. — 17. Mehr²³ ist mehr in Bezug auf¹⁹ Wenigeres²³. Auf eben dieselbe Weise verhält sich das Schwerere²³ zum¹⁹ Leichteren²³ und das Schnellere²³ zum¹⁹ Langsameren²³. — 18. Die Machthaber begehen²⁴ wegen ihrer²⁵ Macht sehr³ grosse und ruchlose²⁶ Frevel²⁷. — 19. Die Könige der Lakedämonier¹² haben²⁸ sehr³ viele und grosse Einkünfte. — 20. Die Strafe macht²⁹ den, welcher³⁰ [sie] erleidet³¹, oft besser.

**Gemischte Aufgaben über die Comparation.**

1. Die³² Jungen freuen sich über²⁰ das Lob³³ der Aelteren³⁴, die Aelteren³⁵ aber³² sind über²⁰ die Ehrenbezeigungen³⁶ der Jungen¹² erfreut. — 2. Ertrage so leicht als möglich³⁷ das Nothwendige³⁸. — 3. Die Frau ist in³⁹ Allem³⁸ schwächer als der Mann. — 4. Platon sagt: es giebt keinen⁴⁰ unglücklicheren Staat, als den von einem Tyrannen beherrschten und keinen⁴⁰ glücklicheren, als den von einem König beherrschten. — 5. Niemandes⁴¹ Thaten⁴² sind schöner und grösser und den Griechen nützlicher⁴³ und mehr des Lobes⁴⁴ würdig, als die des Agamemnon. — 6. Das Wasser ist das¹³ wohlfeilste und beste.
7. Alexander der Grosse war sehr³ schön und arbeitsliebend und scharfsinnig und tapfer und ehrgeizig und gefahrliebend und um⁵ das Göttliche sehr besorgt⁴⁵, in⁵ sinnlichen Genüssen⁴⁶ aber sehr enthaltsam. — 8. Der Knabe ist von⁵ Allen am schwersten zu

behandeln; denn er ist der [13] übermüthigste von [5] Allen. — 9. Der [32] Gerechteste ist der [13] glücklichste, der Ungerechteste aber [32] der [13] unglücklichste. — 10. Die Athener haben den Barbaren die grössten und meisten Nachtheile zugefügt, den Griechen aber nur Gutes erwiesen [47]. — 11. Die Lakedämonier sind die [13] gesetzlichsten von [5] allen Griechen. — 12. Es ist für [20] Jeden das [13] Beste von dem Göttlichen und Vernünftigen geleitet [46] zu werden.

[1]) §. 13. I. — [2]) ἦν. — [3]) §. 18. II. — [4]) S. darauf. — [5]) Genitiv. — [6]) εἶ-ξε(ν). — [7]) πρός c. gen. — [8]) S. von gleichem Geschlecht. — [9]) τούτων. — [10]) αὐτόν. — [11]) S. Uebel. — [12]) §. 2. II. — [13]) §. 2. III. — [14]) S. Führung. — [15]) §. 5. II. — [16]) est. — [17]) felsigeren. — [18]) weniger. — [19]) πρός c. acc. — [20]) Dativ. — [21]) cuius (οὗ) in animo. — [22]) Sitten. — [23]) Das Neutr. Plur. mit dem Artikel. §. 4. I. — [24]) ἁμαρτάνειν. — [25]) Blosser Artikel: wegen der M. — [26]) S. unheilig. — [27]) S. Fehler. — [28]) den Königen sind. — [29]) §. 7. II. — [30]) §. 8. I. — [31]) S. gewähren. — [32]) §. 8. II. — [33]) Plural. — [34]) alt: πρέσβυς. §. 2. II. — [35]) seniores. — [36]) S. Ehre. — [37]) §. 18. III. — [38]) §. 4. I. — [39]) ἐπί c. dat. — [40]) es ist nicht ein unglückl. St. — [41]) οὐδενός. — [42]) S. Handlung. — [43]) S. vortheilhaft. — [44]) mehr Lobes würdig. — [45]) S. sorgfältig. — [46]) in (gen.) den Vergnügungen des Körpers. — [47]) Die Athener waren (ἦσαν) den Barb. Ursache der gr. u. m. Nachth. (κακόν), den Griech. von Gütern. — [48]) S. beherrschen.

### §. 21. Die Personal- und Reflexivpronomina.

I. Das Personalpronomen im Nominativ wird, wie im Lateinischen, so auch im Griechischen, da es bereits in der Verbalendung liegt, nicht besonders ausgedrückt, es sei denn, dass ein Nachdruck auf demselben liegt, was namentlich bei Gegensätzen stattfindet. Ich spreche, λέγω. Ich spreche, du schreibst, ἐγὼ μὲν λέγω, σὺ δὲ γράφεις.

II. Die volleren Formen ἐμοῦ, ἐμοί, ἐμέ und die orthotonierten Formen σοῦ, σοί, σέ werden angewendet, wenn das Pronomen einen besonderen Ton hat. Dies ist der Fall in Gegensätzen, zu Anfang eines Satzes und meistentheils nach den Präpositionen. Mir, nicht dir gefällt es, ἐμοὶ οὐ σοὶ ἀρέσκει. Er kommt von mir, ἥκει παρ' ἐμοῦ.

III. Statt der in der attischen Prosa ungebräuchlichen Formen des Personalpronomen der dritten Person οὗ, οἷ, ἕ werden die Casus obliqui von αὐτός gebraucht. Ich erziehe ihn, παιδεύω αὐτόν.

IV. Wenn sich das Pronomen auf das Subject desselben Satzes bezieht, wird das Reflexivpronomen gesetzt. Es kann mithin nie selbst Subject sein, also nur die Casus obliqui haben. Er erzieht sich, παιδεύει ἑαυτόν.

1. Wenn es dir so lieb ist, ist es mir nicht zuwider. — 2. Jeder von [1] uns ist nicht sich selbst genügend, sondern Vieler bedürftig. — 3. Wir haben die unschädlichen Vergnügungen um ihrer selbst

willen gern. — 4. Platon sagt: mich erfüllt[2] seit der Kindheit[3] Liebe und Ehrfurcht vor[4] Homer. — 5. Wir haben keinen Nutzen[5], wenn wir etwas[6] ohne das Gute haben. — 6. Wir sind nicht Dichter, ich und du. — 7. Derjenige, welcher[7] über sich selbst herrscht, ist der[8] königlichste Mann. — 8. Wer von uns besonnen ist[9], ist Gott lieb; denn er ist ihm ähnlich; der nicht[10] Besonnene aber ist ihm unähnlich.

9. Müssen wir[11] der Meinung[12] der Menge[13] folgen oder der des Sachverständigen[14]? — 10. Jeder muss[11] das Allen Nützliche[15], nicht das ihm Angenehme[15] thun. — 11. Wir Menschen[16] sind das[8] Eigenthum[17] der Götter. — 12. Noch sind Hoffnungen in euch, o Kinder; denn ihr seid jung. — 13. Erscheinen[18] alle schönen Gebräuche immer Allen schön oder ist nicht am meisten Kampf und Streit[19] über sie? — 14. Schöne Stickereien und Gemälde und Bildwerke ergötzen[20] uns. — 15. Wirst nicht auch du von der Dichtkunst bezaubert[21]? — 16. Nichts von[1] uns ist wesentlicher, als die Seele.

17. Jeder Mensch muss[11] die Eigenliebe[22] fliehen und dem gleichzukommen suchen, der besser ist[23], als er. — 18. Viele sagen: es giebt entweder keine Götter[24] oder sie kümmern sich[25] nicht um das Menschliche. — 19. Unzählige Hindernisse bereitet[26] uns der Körper wegen[27] seiner[28] nothwendigen Ernährung. — 20. Jeder wird gemäss [seiner] Natur immer zu[29] dem ihm Aehnlichsten gezogen[30]. — 21. Ein Staat muss[11] mit sich selbst einig[31] sein. — 22. Jeder von[1] uns ist von vielen Hoffnungen erfüllt. — 23. Der Herrscher[32] ordnet nicht das ihm, sondern das den Beherrschten[33] Nützliche[15] an.

[1]) Genitiv. — [2]) hat. — [3]) Wie im Lateinischen: a (ἐκ c. gen.) puero. — [4]) περί c. gen. — [5]) Uns ist kein Nutzen. — [6]) τί, enklitisch. — [7]) §. 8. I. — [8]) §. 2. III. — [9]) der Besonnene unter (gen.) uns. — [10]) μή. — [11]) §. 5. III. — [12]) S. Vorstellung. — [13]) §. 17. I. §. 2. II. — [14]) ὁ ἐπαίων, οντος. — [15]) §. 4. I. — [16]) Wir, die Menschen (Apposition). — [17]) Plural. — [18]) Ohne jede Fragepartikel. Wie im Deutschen. — [19]) S. Zank. — [20]) §. 4. II. — [21]) οὐ κηλῇ. — [22]) die Liebe zu (Gen.) sich. — [23]) dem Besseren als er (§. 18. I.) — [24]) es sind entweder nicht Götter. — [25]) ich kümmere mich, μέλει μοι, um etwas, gen. — [26]) S. gewähren. — [27]) διά c. acc. — [28]) Blosser Artikel: wegen der nothw. Ern. — [29]) πρός c. acc. — [30]) S. fortreissen. — [31]) sich selbst lieb. — [32]) Der Herrschende. — [33]) Part. Präs. Pass.

## §. 22. Die Possessivpronomina.

I. **Das deutsche Possessivpronomen wird im Griechischen einfach durch den Artikel übersetzt, wenn es, ohne einen Nachdruck zu haben, auf das Subject des Satzes sich bezieht.** Der Vater erzieht seinen Sohn, ὁ πατὴρ παιδεύει τὸν υἱόν.

II. Statt der **Possessivpronomina der ersten und zweiten Person** kann, statt des **Possessivpronomen der dritten Person** muss, da die Formen ὅς, ἥ, ὅν in der attischen Prosa nicht vorkommen, der **Genitiv der Personalpronomina** gebraucht werden. Auch hier treten für die ungebräuchlichen Formen des Personalpronomen der dritten Person (οὗ, οἷ, ἕ) die entsprechenden Formen von αὐτός ein (§. 21. III.). Bezieht sich das mit Nachdruck gesetzte Possessivpronomen auf das Subject des Satzes zurück, so ist in der Umschreibung natürlich das **Reflexivpronomen** zu nehmen (§. 21. IV.).

III. Bei den Possessivpronominibus, auch bei den durch Umschreibung gebildeten Formen, steht in der Regel **der Artikel**. Was die Wortstellung betrifft, so tritt das Possessivpronomen **zwischen den Artikel und das Substantiv** oder (mit Nachdruck) **hinter das Substantiv mit Wiederholung des Artikels**. (**Attributive Stellung**. §. 2. II.) Dieselbe Stellung hat das Reflexivpronomen im Genitiv, wenn es stellvertretend für das Possessivpronomen gebraucht wird. Dagegen tritt der **Genitiv des Personalpronomen** entweder **vor den Artikel** oder (ohne Wiederholung des Artikels) **hinter das Substantiv**. (**Prädicative Stellung**.) Er erzieht meine Kinder, παιδεύει τοὺς ἐμοὺς παῖδας oder (mit Nachdruck) τοὺς παῖδας τοὺς ἐμούς. Ich erziehe **meine** Kinder, παιδεύω τοὺς ἐμαυτοῦ παῖδας oder τοὺς παῖδας τοὺς ἐμαυτοῦ. Dagegen: er erzieht meine Kinder, mit dem Genitiv des Personalpronomen übersetzt, heisst: παιδεύει μου τοὺς παῖδας oder τοὺς παῖδάς μου.

1. Wenn ich in[1] meinem Leben etwas nicht[2] richtig mache, so[3] fehle ich nicht mit Willen[4], sondern in[5] meiner Unwissenheit. — 2. Für[5] den Kranken[6] ist es ein Fehler zum[7] Arzte nicht[2] die Wahrheit[8,9] über die Zustände seines Körpers[10] zu sagen. — 3. Unsere Seele ist unsterblich. — 4. Der gute Mann liebt nicht sich[11] und das Seinige, sondern das Rechte[9,12] und das Gute[9] und das Schöne[9]. — 5. Wenn du das Deine thust, thust du das Rechte[9,12]. — Bei den Persern beräth sich der Rath[13] der Herrschenden[10] nicht zum Besten[14] des Volkes, sondern um ihrer [eigenen] Herrschaft willen. — 7. Von[15] allen unseren Besitzungen ist die Seele die[16] göttlichste.

8. Derjenige, welcher[17] die Seinigen beschimpft, ist weder den Menschen noch den Göttern lieb. — 9. Vieler Schlaf ist weder unseren Körpern noch unseren Seelen angemessen[18]. — 10. Es ist nicht leicht, dass[19] Alles[9] einem sterblichen Manne in seinem Leben nach[1] Wunsch[20] in Erfüllung geht. — 11. Ich verlange nach[21] deiner Weisheit und richte meine Aufmerksamkeit[20] auf dich. — 12. Eine gute Seele macht[22] durch[5] ihre Tugend den Körper gut. — 13. Ich sage die Meinungen der anderen[10], die meinigen aber

nicht. — 14. Unsere Seelenstimmung [23] in den Komödien [10] ist eine Mischung von Freude und Schmerz. 15. Wir können [24] viele schöne [25] Thaten [26] von [15] unseren Vorfahren erzählen. — 16. Alexander, der König der Makedonier [10], sparte das Geld zu seinen [eigenen] Vergnügungen sehr [27], war aber sehr freigebig den Nächsten wohlzuthun [28]. — 17. Die Niederlage der Spartiaten bei [29] den Thermopylen [10] wird mehr bewundert, als ihre Schlachten und Siege alle. — 18. Unser Körper hat eine Seele. — 19. Die Athener lieben ihr Land so [30], wie die besten Kinder ihre Väter und Mütter lieben. — 20. Viele bilden sich ein [31] reicher zu sein, als ihr Vermögen beträgt [32]. — 21. Wir erzählen gern [33] unsere Thaten [26].

[1]) κατά c. acc. — [2]) μή. — [3]) §. 11. I. — [4]) ἑκών. — [5]) Dativ. — [6]) kränk seienden. Part. Präs. — [7]) πρός c. acc. — [8]) das Wahre. — [9]) §. 4. I. — [10]) §. 2. II. — [11]) §. 21. IV. — [12]) S. Gerecht. — [13]) S. Rathsversammlung. — [14]) ὑπέρ c. gen. — [15]) Genitiv. — [16]) §. 2. III. — [17]) §. 8. I. — [18]) ἁρμόττων. — [19]) Acc. c. Inf. — [20]) S. Sinn. — [21]) Ich bin ein Verlangender nach (Gen.) deiner W. — [22]) §. 7. II. — [23]) Stimmung der Seele. — [24]) ἔχειν. — [25]) §. 17. II. — [26]) S. Handlung. — [27]) war (ἦν) sehr (§. 18. II.) sparsam mit (gen.) dem Gelde zu (εἰς c. acc.) s. V. — [28]) zum (εἰς c. acc.) Wohlthun der Nächsten (πέλας. §.: 6. I.). — [29]) ἐν c. dat. — [30]) S. auf gleiche Weise. — [31]) S. sich vorstellen. — [32]) als [sie] hinsichtlich (κατά c. acc.) ihres Vermögens [sind]. — [33]) Wir freuen uns erzählend.

### §. 23. Αὐτός. Ἄλλος. Das reciproke Pronomen.

I. Αὐτός „selbst" hat, mit einem Substantiv verbunden, die prädicative Stellung, dagegen ὁ αὐτός „derselbe, der nämliche" bei einem Substantive die attributive Stellung (§. 22. III.). *Rex ipse*, αὐτὸς ὁ βασιλεύς oder ὁ βασιλεὺς αὐτός. *Idem rex*, ὁ αὐτὸς βασιλεύς oder ὁ βασιλεὺς ὁ αὐτός.

II. Wenn bei ἄλλος, *alius*, der Artikel steht, wird es meist durch „übrig" übersetzt. Σπάρτη καὶ ἡ ἄλλη Ἑλλάς, Sparta und das übrige Hellas; οἱ ἄλλοι, die Uebrigen.

III. Bemerkenswerth ist die Uebersetzung von ἄλλος mit einem anderen Casus oder einem Derivatum von sich. Ἄλλος ἄλλα λέγει, *alius alia dicit*, der Eine sagt dies, der Andere jenes. Ἄλλοτε ἄλλος, bald dieser, bald jener.

1. Mein [1] Freund ist derjenige, welcher [2] sich über [3] das Nämliche [4] freut und betrübt, [wie] ich [3]. — 2. Der griechische Volksstamm ist unter [3] sich verwandt und von gleichem Geschlecht, dem barbarischen aber fernstehend und fremd. — 3. Die Einen [5] werden von [6] diesen, die Andern [5] von jenen Dichtern begeistert, die Einen [5] von Orpheus, die Andern [5] von Musäos; die Meisten [7] aber werden von [6] Homer begeistert. — 4. Der Körper selbst herrscht nicht über sich, sondern die Seele herrscht über den Körper. — 5. Die

nämliche Grösse erscheint uns aus der Nähe und aus der Ferne durch das Gesicht [betrachtet] nicht gleich.

6. Die Götter sind verschieden von einander und oft in Aufruhr und es ist unter[8] ihnen[9] oft Feindschaft gegen einander. — 7. Gott ist kein[10] Gaukler und zeigt sich nicht bald in dieser, bald in jener Gestalt. — 8. Der Neidische, da er glaubt[11], durch[3] Verläumdung der Uebrigen obenan zu stehen[12], ringt selbst weniger nach[13] der wahren Tugend. — 9. Es giebt kein[14] grösseres Gut für[3] eine Stadt als dass[15] die Bürger selbst sich[16] bekannt sind. — 10. Die Nämlichen sind nicht Rhapsoden und Schauspieler zugleich, nicht einmal[17] die Schauspieler für[3] die Tragödien- und Komödiendichter sind die nämlichen.

11. Brüder, Väter, Söhne verlassen einander am wenigsten[18]. — 12. Jeder Baumeister ist nicht selbst Arbeiter, sondern der[19] Gebieter[20] der Arbeiter. — 13. Der Mensch hat oft in sich[16] zugleich entgegengesetzte Ansichten über das Nämliche und ist in seinen[21] Handlungen in Aufruhr und kämpft mit sich selbst[22]. — 14. Der Körper und die Seele sind ohne[23] Gymnastik und ohne die übrige Bildung[24] nicht der Rede werth. — 15. Ein[25] Mässiger[26] ist dem andern[26] lieb, die Unmässigen aber[26] sind weder einander noch den Mässigen lieb. — 16. Das Gute ist nicht das Nämliche mit[3] dem Angenehmen und nicht[17] das Schlechte mit[3] dem Beschwerlichen.

### Gemischte Aufgaben zu §§. 21—23.

1. Ich preise dich, o Rose, glücklich wegen[27] deiner[21] Schönheit und deines[21] Wohlgeruches. — 2. Das Nämliche[4] erscheint[28] dem Gesicht in der Nähe[29] grösser, aus der Ferne kleiner. — 3. Die Natur reicht den Einen diese, den Andern jene[30] Nahrung[31] dar, den Einen[5] Futterkraut aus der Erde, den Andern[5] Früchte von[27] den Bäumen, noch Anderen[5] Wurzeln, noch Anderen andere lebende Wesen. — 4. Die Geldgierigen vergraben oft[18] ihr ganzes Vermögen. — 5. Die Guten sind einander befreundet. — 6. Ein Staat muss[32] mit[3] sich selbst[16] einig[33] sein. — 7. Von[27] den Wettkämpfen hat der eine diesen, der andere jenen[30] Preis[34], die Palme aber haben alle gemeinsam.

8. Liebet das Gute um[35] seiner[9] [selbst] willen[35], und nicht um dessen[24] willen, was[24] durch[36] es[9] entsteht. — 9. Fliehe du mit[37] mir, o Freund! — 10. Der Eine ist zur[38] Ausführung[39] dieser[30], der Andere zur Ausführung jener[30] Arbeit geschaffen[40]. — 11. Die Soldaten essen ihrer[41] [eigenen] Sicherheit[42] wegen auf[8] den Feldzügen gemeinschaftlich[43]. — 12. Einige der Feldherrn im troischen Kriege waren[44] Söhne der Götter selbst[45]. — 13. Fliehe jede Schmeichelei, sowohl die in Betreff[46] deiner selbst[16], als auch die

in Betreff[46] der Andern. — 14. Das Nämliche[4] ist[28] den Einen[5] nützlich, den Andern[5] schädlich.

[1]) Der Artikel beim Possessivpronomen (§. 22. III.) muss hier wegbleiben wegen §. 2. III. — [2]) §. 8. I. — [3]) Dativ. — [4]) §. 4. I. — [5]) §. 5. II. — [6]) ἐκ c. gen. — [7]) §. 17. I. — [6]) ἐν c. dat. — [9]) §. 21. III. — [10]) nicht ein. — [11]) glaubend. — [12]) S. hervorragen. — [13]) πρός c. acc. — [14]) non est. — [15]) Acc. c. Inf. — [16]) §. 21. IV. — [17]) Ein Wort! — [18]) §. 1. IV. — [19]) §. 2. III. — [20]) S. Herrscher. — [21]) §. 22. I. — [22]) er selbst kämpft mit sich (§. 21. IV.). — [23]) χωρίς c. gen. — [24]) S. Erziehung. — [25]) §. 3. II. — [26]) §. 8. II. — [27]) Genitiv. — [28]) §. 4. II. — [29]) S. aus der Nähe. — [30]) §. 23. III. — [31]) Plural. — [32]) §. 5. III. — [33]) S. befreundet. — [34]) S. Kranz. — [35]) διά c. acc. — [36]) ἀπό c. gen. — [37]) S. mit fliehen. — [38]) ἐπί c. acc. — [39]) S. Handlung. — [40]) Geschaffen sein, φύεσθαι. — [41]) §. 22. II. — [42]) S. Bewachung. — [43]) συσσιτοῦσιν. — [44]) ἦσαν. — [45]) §. 23. I. — [46]) περί c. acc.

### §. 24. Die Demonstrativpronomina und das Relativpronomen.

I. Steht ein Demonstrativpronomen bei einem Substantivum, das nicht Prädicat ist (§. 2. III.), so hat dieses selbst den Artikel, das Pronomen aber hat prädicative Stellung. Dieser Mann, οὗτος ὁ ἀνήρ oder ὁ ἀνὴρ οὗτος.

II. Οὗτος, *is*, weist auf das Vorhergehende zurück, ὅδε, *hic*, weist auf Gegenwärtiges und Folgendes hin. ταῦτα λέγει, dieses (das Vorhergehende) sagt er. λέγει τάδε, er sagt das Folgende. ἥδε ἡ πόλις, diese Stadt (in der ich jetzt bin).

III. „Derjenige (der), welcher" kann ausser durch das Participium mit dem Artikel (§. 8. I.) auch durch οὗτος, ὅς, (*is qui*) übersetzt werden. Derjenige, welcher löst, οὗτος, ὃς λύει.

1. Angenehm ist dasjenige, an dem wir uns ergötzen. — 2. Du bist daran[1] schuld. — 3. Die Beschäftigungen, welche Vergnügen gewähren[2], schmeicheln unserer Seele und ziehen sie an[3] sich[4]. — 4. Das Lernen[5] ist Kenntniss von[6] demjenigen erhalten, was man[7] lernt, das Wissen[8] aber Kenntniss schon haben. — 5. Der saitische Bezirk ist in[9] Aegypten in dem Delta, an dessen Spitze[10] sich die Strömung des Nils[11] theilt[12]; die grösste Stadt dieses Bezirkes aber ist Sais. — 6. Was[13] du jetzt sagst, gefällt mir nicht. — 7. Die[14] Grosshändler sind diejenigen, welche Alles[13] einführen und ausführen.

8. Ein Gesetz der Karthager ist, dass[15] die Soldaten im[16] Lager nicht[17] Wein geniessen[18], sondern diese Zeit hindurch[19] immer Wasser trinken[20]. — 9. Die Lokrer haben die beste Verfassung von[6] den um jene Gegend[21] [Wohnenden]. — 10. Wir freuen uns über[22] das[18], was unserer Natur oder unserer Sitte gemäss ist, nicht aber über das, was gegen[23] unsere Natur und Gewohnheit ist. — 11. Beschäftigt euch am meisten mit Homer, dem besten und gött-

lichsten der Dichter und **lernt** die Denkart desselben **verstehen**[24], nicht[25] seine[26] Worte allein[27]. — 12. Wir beten jedesmal zu den Göttern[28], denen wir opfern.

13. Wie[29] ungebildet ist der Mensch, der bei[30] einer heiligen[31] Sache **profane Worte braucht**[32]! — 14. Schrecklich[33] ist[34] das, was[13] Furcht einflösst[35], unbedenklich aber[33], was[13] nicht[17] Furcht einflösst[35]. — 15. O Herren, haltet eure[26] Sclaven[36] gut[37], nicht nur um jener willen, sondern auch um eurer selbst[4] willen. — 16. Die Menschen stehen[38] gleichsam auf[30] einem Wachposten und dürfen[39] sich selbst[4] nicht von[40] demselben ablösen und davonlaufen. — 17. Es ist nicht gottesfürchtig[41], weder dem Vater[19], noch der Mutter[19], noch viel[42] weniger aber als[43] diesen dem Vaterlande[19] **Gewalt anzuthun**[44].

[1]) an (Gen.) diesem. — [2]) haben. — [3]) ἐπί c. acc. — [4]) §. 21. IV. — [5]) §. 5. I. — [6]) Genitiv. — [7]) τίς, enklitisch. — [8]) ἐπίστασθαι. — [9]) κατά c. acc. — [10]) um (περί c. acc.) welches an (κατά c. acc.) der Spitze. — [11]) §. 2. II. — [12]) Sich theilen, σχίζεσθαι. — [13]) §. 4. I. — [14]) §. 2. III. — [15]) Acc. c. Inf. — [16]) ἐπί c. gen. — [17]) μή. — [18]) S. kosten. — [19]) Accusativ. — [20]) mit (dat.) dem Wassertrinken (Plur.) zusammen sind. — [21]) §. 6. I. — [22]) Dativ. — [23]) παρά c. acc. — [24]) S. auswendig lernen. — [25]) §. 1. III. — [26]) §. 22. I. — [27]) S. nur. — [28]) Gebete sind jedesmal den Göttern. — [29]) ὡς. — [30]) ἐν c. dat. — [31]) S. ehrwürdig. — [32]) schändliche Namen nennt. — [33]) §. 8. II. — [34]) §. 4. II. — [35]) S. gewähren. — [36]) S. Haussclave. — [37]) S. richtig. — [38]) sind. — [39]) es ist nicht nöthig sich abzulösen. — [40]) ἐκ c. gen. — [41]) S. heilig. — [42]) ἔτι πολύ. — [43]) §. 18. I. — [44]) βιάζεσθαι.

## §. 25. Das interrogative und indefinite Pronomen und ὅστις.

I. Ὅστις wird als **indefinites Relativum** im Unterschiede zu ὅς, das sich immer auf einen bestimmten Gegenstand bezieht, gebraucht, wenn es ganz **allgemein**, namentlich wenn es **allein** steht (**wer auch nur**, *quicunque*). Der Mann, welcher da ist, ὁ ἀνήρ, ὃς ἥκει. Jeder, wer auch nur, πᾶς, ὅστις. Glücklich, wer Verstand hat, μακάριος, ὅστις νοῦν ἔχει.

II. Ὅστις hat als **indirectes Interrogativum** im Unterschiede zu τίς, das in der directen Frage steht, **in der indirecten Frage** seine Stelle. Wer ist da? τίς ἥκει; Sage, wer da ist, λέγε, ὅστις ἥκει.

III. Das **indefinite Pronomen** τίς wird manchmal durch „**man**" übersetzt, manchmal entspricht es dem lateinischen *quidam* „**ein gewisser**".

1. Was ist das grösste Gut und was ist das grösste Uebel? — 2. Es ist die Pflicht[1] eines Richters den Sinn darauf[2] zu richten, ob Einer Gerechtes[3] sagt oder nicht[4]. — 3. Sage mir, welchen Nutzen die Götter von den Geschenken haben[5], die sie von[6] uns

erhalten? — 4. Lernen ist weiser werden[7] in[8] dem, was[9] man lernt. — 5. Ich glaube, dass[10] in einigen Wenigen, aber nicht in der Menge eine bösartige Natur ist. — 6. Die zu grosse[11] Freiheit geht in nichts Anderes über, als in zu grosse[11] Knechtschaft. — 7. Was ist der Weisheit mehr verwandt[12], als die Wahrheit? 8. Welche Wissenschaft oder Beschäftigung auch nur zu[13] Reichthum bringt, [die] zu lernen ist jeder sehr bereit[14]. — 9. Welche Handlungen sind den Göttern lieb? — 10. Wer etwas hat, was wir nicht zu haben wünschen, ist nicht beneidenswerth. — 11. Ich glaube nicht, dass[10] das menschliche Leben etwas Grosses ist. — 12. Wir haben gern, was[3] schön ist, und sind unzufrieden mit dem[3], was nicht schön ist. — 13. Was sind[15] den Göttern die Gaben der Menschen[16]? — 14. Sage mir, was die Frömmigkeit und Gottlosigkeit[17] ist. — 15. Schlechte[18] Dinge sind[15] zuweilen zu[19] etwas Gutem nützlich.

16. Wir nennen[20] die Einen[21] wohlbegabt zu[19] etwas, die Anderen[21] unbegabt, wohlbegabt[22], wenn sie leicht lernen, unbegabt[22], wenn sie schwer lernen. — 17. Thue Alles[3], was du thust, mit[23] Verstand! — 18. Man muss[24] sich um die Wahrheit mehr kümmern, als um etwas anderes. — 19. Was ist Erziehung und welche Macht hat sie? — 20. Alle müssen[24] das Leben ungemischter Freude und ungemischten Schmerzes[16] fliehen, und immer eine gewisse Mitte einhalten[25]. — 21. Zu wem[26] führen wir die, welche[27] zügellos leben? Zu den Richtern.

[1]) §. 3. I. — [2]) auf dieses. — [3]) §. 4. I. — [4]) μή. — [5]) welches ist der Nutzen den Göttern von (ἀπό c. gen.) den Gaben. — [6]) παρά c. gen. — [7]) sapientiorem fieri. — [8]) περί c. acc. — [9]) §. 24. III. — [10]) §. 6. II. — [11]) das Adv. ἄγαν wird gerade so gesetzt, wie ein Adj. §. 2. II. — [12]) Comparativ. — [13]) πρός c. acc. — [14]) §. 18. II. — [15]) §. 4. II. — [16]) §. 2. II. — [17]) das Fromme und das Gottlose. — [18]) S. Nichtswürdig. — [19]) πρός c. acc. — [20]) §. 10. I. — [21]) §. 5. II. — [22]) §. 8. II. — [23]) Dativ. — [24]) §. 5. III. — [25]) ein gewisses mittleres (μέτριος, sc. βίος, Leben) einhalten (τέμνειν). — [26]) Plural. — [27]) §. 8. I.

## §. 26. Die correlativen Pronomina und Adverbia.

I. Wie sich ὅς und τίς zu ὅστις verhalten (§. 25. I. II.), gerade so verhalten sich πότερος zu ὁπότερος, ὅσος und πόσος zu ὁπόσος, οἷος und ποῖος zu ὁποῖος, ἡλίκος und πηλίκος zu ὁπηλίκος, οὗ und ποῦ zu ὅπου, ὅθεν und πόθεν zu ὁπόθεν u. s. w.

II. „Wie, als" auf ein demonstratives Correlativpronomen bezüglich, wird durch das entsprechende Relativum übersetzt. So gross, wie, τοσοῦτος, ὅσος.

III. Οἷός τέ εἰμι heisst: „ich bin im Stande, fähig"; οἷον τέ ἐστι: „es ist möglich". Es folgt darauf der Infinitiv.

1. Wie vieles[1] die Menschen beim[2] Gelderwerb leiden, ist auch einem Blinden offenbar. — 2. Führe mich, wohin du willst. — 3. Der Tartaros, ein Ort im Hades[3], hat so viel Abstand von[4] der Erde, wie die Erde vom[4] Himmel. — 4. Einige erforschen die Triebe grosser und starker Thiere[5], wie man[6] herankommen und wie man[6] es[7] berühren muss[6] und wann es am bösesten oder am sanftesten ist. — 5. Die Hündchen[9] sind nach[10] dem Sprüchworte, wie[11] ihre[12] Herrinnen. — 6. Um wie viel[13] mehr die Begierden sich auf[14] eins hinwenden, um so viel[13] schwächer sind sie gegen[14] das Uebrige.

7. Wie viele von[15] den Athenern gut sind, [die] sind es[16] in ausgezeichneter Weise; denn sie sind ohne Zwang, wahrhaft und nicht verstellt gut. — 8. Wo Scham ist, da ist auch Furcht; doch ist nicht, wo Furcht ist, überall Scham. — 9. Die Menge[17] ist im Stande die grössten Uebel zuzufügen[18]. — 10. Es ist die Pflicht[19] eines jeden Menschen auszuwählen[20], was[1] von[15] dem Angenehmen[1] gut ist[21], was schlecht. — 11. In allen Gegenden, wo weder ungewöhnliche Kälte[22] noch Hitze hinderlich ist, findet sich[23] das Geschlecht der Menschen[5]. — 12. Die Gefälligkeit der Freunde[5] ist viel[15] werth, wenn sie mit dem Recht bestehen kann[24]; wenn aber nicht[25], je[13] grösser, desto[13] lästiger.

### Gemischte Aufgaben zu §§. 24—26.

2. Viele glauben[26], Glückseligkeit sei die Freiheit[27] zu thun, was[29] man[6] will. — 2. Wenn das Gesprochene[29] weder[30] dem Sprechenden nützlich, noch[30] den Hörenden nothwendig ist, wesshalb[31] wird es [dann] gesprochen? — 3. Unter[32] allen Griechen ist nicht so viel Gold und Silber, als[33] in Lakedämon. — 4. Ich wundere mich, wenn Einige[34] nicht[25] glauben, dass[26] die Schlachten und Siege, welche gegen das Recht sind[35], schimpflich sind. — 5. Sisyphos wird im Hades[3] gezüchtigt, indem er[36] einen Stein mit[37] den Händen und dem Kopfe wälzt[36] und diesen Stein [über die Bergspitze] hinüberwerfen will[36]. — 6. Welchen Namen hat euer Bruder[38]?

7. Wir wünschen[39] unseren Freunden das, was[40] jene sich[41] [wünschen]. — 8. Um[42] wen bekümmert sich[43] ein Vater, der Verstand hat[44], mehr, als um[42] seinen[45] Sohn, dass[46] er so gut als möglich[47] werde[48]? — 9. Um wie viel[13] eine Pflanze edler[49] ist, um so[13] mehr Pflege bedarf sie[50]. — 10. Jeder ist so, wie[51] der Freund, mit[37] dem er Umgang hat. — 11. Die Astronomie nöthigt[52] uns nach oben[53] zu sehen und führt uns aus dem Diesseits ins Jenseits[54]. — 12. Nestor war[55] der[56] vernünftigste von denen, welche zu jener Zeit lebten[57].

— 13. Du bist jung und hast noch nicht Einsicht[58], was nützlich ist, was nicht.

[1]) §. 4. I. — [2]) περί c. acc. — [3]) §. 6. III. — [4]) ἀπό c. gen. — [5]) §. 2. II. — [6]) §. 25. III. — [7]) §. 21. III. — [8]) §. 5. III. — [9]) die Hündinnen. — [10]) κατά c. acc. — [11]) quales. — [12]) §. 22. I. — [13]) quanto — tanto. — [14]) εἰς c. acc. — [15]) Genitiv. — [16]) tales. — [17]) §. 17. I. — [18]) S. zu Stande bringen. — [19]) §. 3. I. — [20]) ἐκλέξασθαι. — [21]) §. 4. II. — [22]) S. Winterwetter. — [23]) ist. — [24]) wenn sie mit Gesetzlichkeit (ὀρθότης, ητος) ist. — [25]) μή. — [26]) §. 6. II. — [27]) S. Erlaubniss. — [28]) §. 25. I. — [29]) Part. Präs. Pass. — [30]) μήτε — μήτε. — [31]) wegen (διά c. acc.) wessen. — [32]) ἐν c. dat. — [33]) §. 26. II. — [34]) Plur. vom Pron. indef. τίς. — [35]) die gegen (παρά c. acc.) das Gerechte geschehenden (Sing.). — [36]) wälzend — hinüberwerfen wollend. — [37]) Dativ. — [38]) Welcher Name ist euerm Br. — [39]) συνεύχεσθαι. — [40]) §. 24. III. — [41]) §. 21. IV. — [42]) ὑπέρ c. gen. — [43]) S. Sich bemühen. — [44]) Verstand habend. — [45]) §. 22. II. — [46]) ὅπως. — [47]) §. 18. III. — [48]) ἔσται. — [49]) ἐρρωμένος. — [50]) ist bedürftig. — [51]) talis, qualis. — [52]) S. zwingen. — [53]) nach (εἰς c. acc.) dem Oben. §. 6. I. — [54]) von den (ἀπό c. gen.) hiesigen (ἐνθένδε, inde) [Dingen] dorthin. — [55]) ἦν. — [56]) §. 2. III. — [57]) von (gen.) denen zu (κατά c. acc.) jener Zeit. §. 6. I. — [58]) S. Vernunft.

### §. 27. Die Zahlwörter.

I. Mit δύο kann eben so gut der Plural, wie der Dual verbunden werden. Zwei Tage, δύο ἡμέραι und δύο ἡμέρα.

1. Ein Dichter[1] sagt: gesund sein ist das[2] beste für[3] einen Mann, das[2] zweite schön sein[4], das[2] dritte ohne Trug reich sein, das vierte jung sein mit Freunden. — 2. Der Tod ist nichts anderes, als die[5] Trennung zweier Dinge, des Körpers und der Seele, von[6] einander. — 3. Wie viel ist[7] zwölf[8]? Zwölf[8] ist[7] zweimal sechs oder dreimal vier oder sechsmal zwei oder viermal drei. — 4. Platon sagt: die Kinder dürfen[9] bis achtzehn Jahre überhaupt nicht[10] Wein kosten, hernach aber bis dreissig Jahre den Wein mässig kosten; denn ein junger [Mann] muss[9] sich der Trunkenheit durchaus enthalten.

5. Es ist unmöglich, dass[11] einer viele Künste schön treibe. — 6. Die mittlere Zeit der Blüthe ist für[3] eine Frau zwanzig, für[3] einen Mann aber dreissig Jahre. — 7. Auch zwei- und dreimal das Schöne[12] sagen ist schön. — 8. Die Stadt, deren Gastfreunde wir sind, ist uns die[5] zweite Heimath nach unserer [eigenen] Stadt. — 9. Wir haben zwei entgegengesetzte Rathgeber in uns, die Freude und den Schmerz. — 10. Ein Vernünftiger ist besser, als unzählige Unverständige. — 11. Die Macht der achtundzwanzig Geronten[13] ist in[14] den grössten[12] [Angelegenheiten] von gleichem Gewicht mit[3] der der Könige.

12. Gemäss seiner[15] Natur muss[16] jeder Einzelne eins thun, das Seine[17]. — 13. Gute Athleten kämpfen mit zwei- und dreimal so vielen, als sie[18] [sind]. — 14. Es giebt drei Dinge[19], um die

jeder Mensch sich bemüht, Besonnenheit und Gesundheit und Reichthum; von[20] diesen das[5] letzte und dritte ist die Sorge um[21] Geld, das[5] zweite die Sorge um[21] den Körper, das[5] erste die Sorge um[21] die Seele. — 15. Solon, der weiseste von[20] den sieben [Weisen], ist von[20] allen Dichtern der[5] vortrefflichste. — 16. Zwei[6] ist[7] um[3] eins mehr als[22] eins. — 17. Der Herrscher sieht auf[23] das Beste keines Anderen, als des Beherrschten[24].

[1]) *poeta quidam*. §. 25. III. — [2]) §. 8. II. — [3]) Dativ. — [4]) *pulchrum esse*. — [5]) §. 2. III. — [6]) ἀπό c. gen. — [7]) §. 4. II. — [8]) Neutr. Pl. mit dem Artikel. — [9]) χρή. §. 5. III. — [10]) μή. — [11]) Acc. c. Inf. — [12]) §. 4. I. — [13]) S. Greis. §. 2. II. — [14]) εἰς c. acc. — [15]) §. 22. I. — [16]) §. 5. III. — [17]) §. 22. II. — [16]) §. 21. IV. Blosser Genitiv. Vgl. §. 18. I. — [19]) *tria sunt*. — [20]) Genitiv. — [21]) die Bemühung um (gen.) — [22]) §. 18. I. — [23]) σκοπεῖται c. acc. — [24]) Part. Präs. Pass.

### §. 28. Εἰμί, ich bin.

|  | Präsens. | | | | |
|---|---|---|---|---|---|
|  | Indic. | Conj. | Optativ. | Imperativ. | Infinitiv. |
| Sg. 1. | εἰμί | ὦ | εἴην |  | εἶναι |
| 2. | εἶ | ᾖς | εἴης | ἴσθι |  |
| 3. | ἐστί(ν) | ᾖ | εἴη | ἔστω | Particip. |
| Du. 2. | ἐστόν | ἦτον | [εἴητον, εἶτον] | ἔστον |  |
| 3. | ἐστόν | ἦτον | εἰήτην, εἴτην | ἔστων | ὤν, ὄντος |
| Pl. 1. | ἐσμέν | ὦμεν | εἴημεν, εἶμεν |  | οὖσα, οὔσης |
| 2. | ἐστέ | ἦτε | εἴητε [εἶτε] | ἔστε | ὄν, ὄντος |
| 3. | εἰσί(ν) | ὦσι(ν) | εἴησαν, εἶεν | ἔστωσαν, ἔστων |  |

| Imperfectum. | | | Futurum. | |
|---|---|---|---|---|
| Sg. 1. ἦν | Du. | Pl. 1. ἦμεν | Sg. 1. ἔσομαι | Inf. ἔσεσθαι |
| 2. ἦσθα | 2. ἦστον | 2. ἦτε | 2. ἔσῃ | Part. ἐσόμενος |
| 3. ἦν | 3. ἤστην | 3. ἦσαν | 3. ἔσται u. s. w. |  |

I. **Alle mit ἄν zusammengesetzten Conjunctionen**, ingleichen die **Relativa mit ἄν** haben den **Conjunctiv** bei sich: ἐάν, ἄν = εἰ ἄν, ὅταν = ὅτε ἄν, ὁπόταν = ὁπότε ἄν, ἐπεάν, ἐπήν = ἐπεὶ ἄν, ἐπειδάν = ἐπειδὴ ἄν, πρὶν ἄν, ὅς ἄν u. s. w.

II. Der **Optativ mit ἄν** steht entsprechend dem lateinischen *modus potentialis* in bescheiden ausgedrückten **Behauptungen und Fragen**. Wir bedienen uns in diesem Falle der Hülfsverba „mögen, können, dürfen" und des Adverbs „wohl". Wo mögen wohl die Fremden sein? ποῦ ἄν εἶεν οἱ ξένοι;

1. Die, welche¹ gesund sind, dürften reicher sein, als² die, welche¹ krank sind; denn die Gesundheit ist ein werthvolleres³ Besitzthum, als² das Geld dessen, der¹ krank ist. — 2. Es ist nicht möglich⁴ über⁵ das⁶ Rath zu geben, worin⁶ man⁷ nicht⁸ kundig ist. — 3. Viele, welche vorhaben reich zu werden⁹, thun auch unerlaubte¹⁰ und durchaus hässliche Handlungen. — 4. Die¹¹ Athener waren redselig und geschwätzig, die Lakedämonier aber¹¹ wortkarg. — 5. Zwei [Dinge] sind es, welche¹² den Sieg verschaffen¹³: Muth¹¹ den Feinden gegenüber¹⁴, Furcht¹¹ vor Schande den Freunden gegenüber¹⁵.
6. Es ist ein altes¹⁶ Wort, dass¹⁷ Gott den Anfang und das Ende und die Mitte von allem Seienden [in der Hand] hat. — 7. Die Bürger dürften einander nicht befreundet sein, unter¹⁸ denen¹⁹ viele Processe und Ungerechtigkeiten vorkommen²⁰ dürften, sondern die, unter denen¹⁹ so geringe und wenige als möglich²¹ vorkommen²⁰ dürften. — 8. Ein Wahrsager muss²² die Anzeichen des Künftigen²³ erkennen, ob Einem Tod oder Krankheit oder Verlust des Geldes oder Sieg oder Niederlage entweder im¹⁴ Krieg oder auch in¹⁴ irgend einem anderen Streite bevorsteht²⁴. — 9. Wenn es so²⁵ den Göttern lieb ist, geschehe es²⁶ so!

10. In welchem¹¹ ²⁷ Staate das Gesetz ungültig ist, dem¹⁹ ist der Untergang bereit; in welchem¹¹ ²⁷ aber das Gesetz der²⁶ Herr der Herrschenden ist, die Herrschenden aber die²⁸ Diener²⁹ des Gesetzes sind, dem¹⁹ werden Wohlfahrt³⁰ und alle Güter [zu Theil]. — 11. Die Zeit vom³¹ Kinde bis zum³² Greise³³ dürfte im Verhältniss zur³⁴ ganzen Zeit eine geringe³⁵ sein. — 12. So lange³⁶ die Seele schlecht ist, muss man²² sie³⁷ abhalten von den Begierden und ihr³⁷ nicht⁸ gestatten, etwas anderes³⁸ zu thun, als wodurch³⁹ sie besser sein wird. — 13. Kreta war uneben und zur³⁴ Einübung von Läufern geeignet.

¹) §. 8. I. — ²) §. 18. I. — ³) ein mehr (gen.) werthes Besitzth. — ⁴) §. 26. III. — ⁵) περί c. acc. — ⁶) dasjenige, in (περί c. acc.) welchem (ὅς ἄν). §. 24. III. — ⁷) §. 25. III. — ⁸) μή. — ⁹) Inf. Fut. von εἶναι. —. ¹⁰) S. unheilig. — ¹¹) §. 8. II. — ¹²) Zwei sind (Dual) das, welches (§. 8. I. §. 4. I.). — ¹³) S. vollenden. — ¹⁴) Genitiv. — ¹⁵) Furcht vor (gen.) den Freunden wegen (περί c. gen.) Schande. — ¹⁶) vetus. — ¹⁷) §. 6. II. — ¹⁸) ἐν c. dat. — ¹⁹) §. 24. III. — ²⁰) sein. — ²¹) §. 18. III. — ²²) §. 5. III. — ²³) des Seinwerdenden. §. 4. I. — ²⁴) sein wird. — ²⁵) Demonstr. zu πῇ. — ²⁶) sei es. — ²⁷) Setze ἄν zum Relat. — ²⁸) §. 2. III. — ²⁹) S. Sclave. — ³⁰) S. Rettung. — ³¹) ἐκ c. gen. — ³²) μέχρι c. gen. — ³³) §. 2. II. — ³⁴) πρός c. acc. — ³⁵) S. wenig. — ³⁶) ἕως ἄν. — ³⁷) §. 21. III. — ³⁸) §. 4. I. — ³⁹) durch (ἀπό c. gen.) welches.

### §. 29. Das Präsens des Activs.

I. **Temporale** (als, nachdem, indem), **causale** (weil, da), **concessive** (obgleich), **hypothetische** (wenn) und **relative** (welcher, der) **Nebensätze** können, wenn sie ein im **Hauptsatze nicht enthaltenes Subject** haben, durch **absolute Genitive** (die *ablativi absoluti* der Lateiner), wenn sie dagegen ein im Hauptsatze schon **vorkommendes Subject** haben, durch **appositive Participien** (wie im Lateinischen) übersetzt werden. Weil (wenn) mein Freund krank ist, bin ich betrübt, *τοῦ ἑταίρου κάμνοντος λυποῦμαι.* Ich besuche meinen Freund, welcher (wenn, weil) er krank ist, *ἐπισκέπτομαι τὸν ἑταῖρον κάμνοντα.*

II. In finalen Sätzen (*ἵνα, ut, ἵνα μή, ne*) braucht man, wenn im Hauptsatze ein **Haupttempus** (Präsens, Futurum, Perfectum) steht, den **Conjunctiv**, wenn ein **historisches Tempus** (Imperfectum, Plusquamperfectum, Aorist), den **Optativ**. Man muss den Schlechten züchtigen, damit er besser werde, *τὸν κακὸν δεῖ κολάζειν, ἵνα ἀμείνων ᾖ.* Kyros glaubte der Freunde zu bedürfen, damit er Gehülfen habe, *Κῦρος ᾤετο φίλων δεῖσθαι, ἵνα συνεργοὺς ἔχοι.*

III. In Hauptsätzen wird im Griechischen, wie im Lateinischen, der **Conjunctiv bei Aufforderungen in der ersten Person** gebraucht (*Conjunctivus adhortativus*). Wir wollen die Feinde schonen, *φειδώμεθα ἐχθρῶν, parcamus inimicis.*

1. Was[1] du sagst, dabei[2] bleibe. — 2. Wem dürfte[3] ein Staat ohne Gesetze gefallen? — 3. Wir wollen die Gerechtigkeit auf[4] jede Weise üben, damit wir den Göttern Freunde seien. — 4. Wenn[5] man[6] die Frömmigkeit und Gerechtigkeit[7] im[8] Grossen oder Kleinen verletzt, so[9] hat [das] dieselbe[10] Bedeutung. — 5. Diejenigen, welche[11] etwas Wahres ohne Verständniss[12] [desselben] glauben[13], sind nicht verschieden von den Blinden, die einen Weg richtig gehen. — 6. Viele sagen: wenn[5] du etwas hast, bist du etwas werth, wenn[5] aber nicht[14], bist du nichts werth. — 7. Wer von euch könnte das wohl zuerst sagen[15]?

8. Wenn[16] die Kraft aufhört, betheiligen wir uns nicht mehr an[17] Staatsgeschäften und Feldzügen. — 9. Einer dürfte[3] [nur] ein Geschäft schön treiben, viele aber nicht, wenn er sich aber an viele machte, würde[3] er alle falsch ausführen[18]. — 10. Wir wollen das Geschenk des Dionysos[19] nicht tadeln[20], als ob es schlecht sei[21]. — 11. Ueber welche[22] Staaten nicht[14] ein Gott, sondern ein[23] Sterblicher herrscht, die können den Uebeln und Mühen nicht entrinnen[24]. — 12. Wenn Zügellosigkeit und Krankheiten im Staate überhand nehmen, steht die Rechtspflege und die Arzneikunst in Ehren. — 13. Wenn[5] eins[23] von[25] den Kindern fehlt, züchtige es[26] der Erzieher oder Lehrer.

14. Die Menschen, wenn[27] sie auf ihr[28] Vorhaben[29] den Sinn richten, führen sie es gut und schön aus[30], wenn sie aber nicht[14] [den Sinn darauf] richten oder nicht[14] Verstand haben, führen sie [es] nicht aus[31]. — 15. Weder dürfte[3] der Gute das Alter[32] mit

Armuth ganz leicht ertragen, noch der Schlechte im Alter mit sich zufrieden sein. — 16. Ein Mann, der Leibesübungen treibt, muss[33] nicht auf das Lob und den Tadel eines jeden Mannes achten[34], sondern nur auf jenes[35] Meinung[36], der Arzt oder Turnlehrer ist. — 17. Würde[3] einer Schönes[37] leisten[38], wenn er viele Künste betreibt?

[1]) §. 4. I. Setze ἄν zum Relativ. §. 28. I. — [2]) bei (Dat.) diesem. — [3]) §. 28. II. — [4]) Dativ. — [5]) ἄν. §. 28. I. — [6]) §. 25. III. — [7]) das Fromme und das Gerechte. — [8]) ἐπί c. gen. — [9]) §. 11. I. — [10]) §. 23. I. — [11]) §. 8. I. — [12]) S. Verstand. — [13]) δοξάζειν. — [14]) μή. — [15]) Quis vestrum hoc primus dixerit? §. 28. II. — [16]) ὅταν. §. 28. I. — [17]) sich nicht mehr an etwas betheiligen, γίγνεσθαι ἐκτός (ausserhalb) τινος. — [18]) alle (gen.) verfehlen (ἀποτυγχάνειν). — [19]) §. 2. II. — [20]) ne (μή. §. 1. III.) vituperemus. — [21]) Indicativ. — [22]) Setze ἄν zum Relativ. §. 28. I. — [23]) Pron. indefinitum. — [24]) denen (§. 24. III.) ist nicht ein Entrinnen von (gen.) den Uebeln und Mühen. — [25]) Genitiv. — [26]) §. 21. III. — [27]) ἡνίκα ἄν. §. 28. I. — [28]) §. 22. I. — [29]) S. Handlung. — [30]) machen (§. 7. II.) sie dieses gut und schön. — [31]) S. vollenden. — [32]) S. Greisenalter. — [33]) §. 5. III. — [34]) seinen (§. 22. I.) Sinn richten auf u. s. w. — [35]) unius (μόνος) illius. — [36]) S. Vorstellung. — [37]) §. 4. I. — [38]) S. thun.

### §. 30. Das Imperfectum des Activs.

I. Im Griechischen wird das Imperfect ebenso gebraucht, wie im Lateinischen. Es bezeichnet wiederholte Handlungen der Vergangenheit und schildert vergangene Zustände; namentlich giebt es in Nebensätzen die Umstände an, unter denen eine Handlung geschah. Σωκράτης ἔλεγε, Sokrates pflegte zu sagen, *Socrates dicebat*.

1. Die Perser nannten[1] den[2] Kyros[3] einen Vater, den[2] Kambyses[3] einen Herrn, den[2] Dareios[3] einen Krämer; denn Kyros[3] war gütig und gerecht, Kambyses[3] heftig und geringschätzend, Dareios[3] war habsüchtig und verkaufte Alles[4]. — 2. Busiris opferte gemäss einem Orakelspruche die Fremden auf[5] dem Altare des[2] Zeus[6]. — 3. Adrasteia und Ide zogen den[2] Zeus mit[7] der Milch der[2] Amaltheia[6] gross, die Kureten aber, in einer Grotte das Neugeborene bewachend, schlugen die Schilde an[8] die Speere[7]. — 4. Das Volk der Athener[6] war den Gesetzen freiwillig unterthan.

5. Die[3] Perser führten das Volk zu[9] vollständiger[10] Knechtschaft, die Athener aber[3] leiteten die Menge[11] zu[12] vollständiger[10] Freiheit hin. — 6. Den[2] Theages hielt die Wartung des Körpers[6] von Staatsgeschäften ab. — 7. Viele glaubten, dass[13] die Jünglinge von[14] den Sophisten verdorben wurden[15]. — 8. Die Lakedämonier ertheilten weder den Armen noch den Reichen, weder den Privatleuten, noch den Königen eine ausgezeichnete Ehre zu. — 9. Die Symplegaden waren überaus grosse Felsen; von der Gewalt der Winde[6] aber an[7] einander gestossen[16], versperrten sie den Durchgang durch das Meer[6].

10. Aristeides zog den Lysimachos gross und erzog ihn am schönsten von [17] den Athenern. — 11. Protagoras verdarb ganz Griechenland vierzig Jahre lang [18], indem [19] er seine [20] Schüler schlechter [21] entliess, als er [sic] überkam. — 12. Die Perser standen vor der Schlacht bei [22] Salamis [6] in dem Rufe [23], auf [24] dem Meere unüberwindlich [25] zu sein, sowohl durch [7] [ihre] Menge, als auch durch [7] [ihren] Reichthum und [ihre] Kunst und Kraft. — 13. Die Lakedämonier hörten den Hippias gern [26], aber sie vertrauten ihm ihre [27] Söhne nicht an. — 14. Sokrates gestattete Niemandem Unerforschtes [4] leichthin [28] zu sagen.

[1]) S. benennen (§. 10. I.) — [2]) §. 9. I. — [3]) §. 8. II. — [4]) §. 4. I. — [5]) ἐπί c. dat. — [6]) §. 2. II. — [7]) Dativ. — [5]) S. anschlagen. — [9]) εἰς c. acc. — [10]) S. ganz. — [11]) Plural. — [12]) ἐπί c. acc. — [13]) §. 6. II. — [14]) §. 9. II. — [15]) Inf. Präs. — [16]) S. zusammenstossen., Part. Präs. — [17]) Genitiv. — [18]) Accusativ. — [19]) §. 29. I. Part. Präs. — [20]) §. 22. I. — [21]) [als] nichtswürdigere (Adj.) — [22]) περί c. acc. — [23]) hatten den Ruf. — [24]) κατά c. acc. — [25]) Nomin. Plur., auf das Subj. bezogen. — [26]) freuten sich hörend. — [27]) §. 22. II. III. — [28]) S. leicht.

## §. 31. Das Präsens des Medium und Passivum.

I. Das Medium ist das Genus Verbi, das die Zurückbeziehung der durch das Verb bezeichneten Handlung auf das Subject, von dem sie ausgeht, bezeichnet. Es kann daher meist durch das Pronomen reflexivum übersetzt werden. Ἀπέχομαι, ich enthalte mich. Πράττομαι χρήματα, ich erwerbe mir Geld.

II. Im Griechischen wird die Frage einfach angezeigt durch ἆρα (lateinisch — ne). Erwartet man eine bejahende Antwort, so leitet man die Frage ein durch ἆρα οὐ (nonne), erwartet man eine Verneinung, durch ἆρα μή „doch wohl nicht? doch nicht etwa? doch nicht gar?" Sagst du dieses? ἆρα τοῦτο λέγεις; Ist das Gute nicht auch schön? ἆρ' οὐ καὶ καλόν ἐστι τὸ ἀγαθόν; Wir halten den Tod doch wohl nicht für etwas anderes, als für die Trennung der Seele vom Körper? ἆρα μὴ ἄλλο τι ἢ τὴν τῆς ψυχῆς ἀπὸ τοῦ σώματος ἀπαλλαγὴν ἡγούμεθα τὸν θάνατον;

1. In den Gerichtshöfen glauben die Einen die Andern [1] zu widerlegen, wenn [2] sie viele Zeugen für [3] ihre [4] Reden stellen, der aber, welcher [5] das Entgegengesetzte [6] sagt, [nur] einen stellt oder keinen [7]. — 2. Es dürfte [8] Jeder wünschen, dass [9] ein Aufstand in seinem [10] Staate nicht [11] entstehe und dass [9] ein entstehender Aufstand so schnell als möglich [12] beseitigt [13] werde. — 3. Der gute Redner richtet seinen [4] Sinn stets darauf [14], dass [15] seinen [4] Mitbürgern Gerechtigkeit und Besonnenheit in der Seele [16] erweckt [17], Unge-

rechtigkeit und Zügellosigkeit aber entfernt werde. — 4. Glaubst[18] du, dass[19] eine schwache Natur jemals Grosses hervorbringen werde[20]? — 5. Die Richter sprechen Recht, damit[15] Jeder weder[21] Fremdes habe, noch[21] des Seinigen beraubt sei.
6. Wenn ein Kriegsheer eine richtige Anführung hat[22], so[23] dürfte[8] der Sieg im[3] Kriege [ihm zu Theil] werden. — 7. Viele haben in ihrem[4] Leben kein einheitliches[24] Ziel, worauf[25] hinarbeitend sie Alles thun, was[26] sie thun. — 8. Wir wollen[27] uns[29] lieber gegen die Feinde wenden[28], uns selbst[29] aber schonen. — 9. Es dürfte[5] Niemand, wenn[30] er gross ist, wünschen gross[31] zu sein oder, wenn[30] er stark ist, stark[31] zu sein; denn er würde[6] dessen[16] nicht bedürftig sein. — 10. Wenn[32] Einer vom[33] Weine ganz satt ist, so[23] verlassen ihn[34] Empfindung[16] und Gedächtniss[16] und Einsicht[16]. — 11. Es ist kein Grund vorhanden[35], wesshalb[36] Gott lügen sollte[8].
12. Ungerechtigkeit und Zügellosigkeit und Feigheit und Unwissenheit machen[37] die Seele schlecht. — 13. Wir freuen uns, wenn[38] wir glauben uns wohl zu befinden und andererseits, wenn[39] wir uns freuen, glauben wir uns wohl zu befinden. — 14. Wenn[39] die Menge den Behörden[40] und den Gesetzen nicht[11] gehorcht, so[23] ist das[41] Thorheit. — 15. Der Reiche hat oft keine solche Lebensaufgabe[42], dass[43] er, wenn[30] er gezwungen wäre sie aufzugeben[44], nicht leben könnte[45]. — 16. Wenn[39] die Kinder von[3] den Ammen und Müttern entfernt werden, muss man ihnen viele Zügel anlegen[46]. — 17. Sclaven und Herren dürften[8] niemals Freunde werden.

¹) ὁ ἕτερος — ὁ ἕτερος. — ²) ἐπειδάν. §. 28. I. — ³) Genitiv. — ⁴) §. 22. I. — ⁵) §. 8. I. — ⁶) §. 4. I. — ⁷) μηδείς. — ⁸) §. 28. II. — ⁹) Accus. c. Inf. — ¹⁰) §. 22. II. III. — ¹¹) μή. — ¹²) §. 18. III. — ¹³) S. entfernen. — ¹⁴) auf dieses. — ¹⁵) ὅπως ἄν. §. 28. I. — ¹⁶) Plural. — ¹⁷) ἐγγίγνεσθαι. — ¹⁸) οἴεσθαι. — ¹⁹) §. 6. II. — ²⁰) Schuld sein werde an (gen.) Grossem (§. 4. I.). — ²¹) μήτε — μήτε. — ²²) Optativ. — ²³) §. 11. I. — ²⁴) nicht ein Ziel. — ²⁵) auf welches. — ²⁶) Setze ἄν zum Relativ. §. 28. I. — ²⁷) §. 29. III. — ²⁸) §. 31. I. — ²⁹) §. 21. IV. — ³⁰) §. 29. I. — ³¹) Nom. Sg., auf das Subj. bezogen. — ³²) ἐάν. §. 28. I. — ³³) Dativ. — ³⁴) §. 21. III. — ³⁵) non est. — ³⁶) um wessen willen. — ³⁷) §. 7. II. — ³⁸) ὁπόταν. §. 28. I. — ³⁹) ὅταν. §. 28. I. — ⁴⁰) S. Beamter. — ⁴¹) Pron. demonstr. — ⁴²) S. Geschäft. — ⁴³) ὥστε mit folgendem Infinitiv. — ⁴⁴) sich deren (§. 21. III.) zu enthalten. — ⁴⁵) ich kann nicht leben, ἀβίωτόν ἐστί μοι. — ⁴⁶) muss man (§. 5. III.) sie (§. 21. III.) mit (dat.) vielen Zügeln binden.

## §. 32. Das Imperfectum des Medium und Passivum.

I. Die Verba, welche bedeuten „Jemanden, etwas für etwas halten" (νομίζειν, ἡγεῖσθαι) werden im Griechischen, wie im Lateinischen, wenn sie activ gebraucht werden, mit dem doppelten Accusativ, wenn passiv, mit dem doppelten Nominativ verbunden (Vgl. §. 7. II. §. 10. I.). Ich halte den Tod für

ein Heilmittel der Uebel, νομίζω τὸν θάνατον κακῶν φάρμακον, puto mortem malorum remedium.
1. Nestor, der Sohn[1] des Neleus, wurde bei den Gereniern gross gezogen. — 2. Typhon hatte verwilderte Haare an[2] Kopf und Kinn und sprühte Feuer aus[3] den Augen. — 3. Von[4] Argos[5] wurde Temenos König, von[4] Messene[5] Kresphontes, von[4] Lakedämon[5] Prokles und Eurysthenes. — 4. Von[4] den Göttern halten die einen dieses, die andern jenes[6] für gerecht; denn sie würden[7] unter[3] einander nicht in Aufruhr sein[7], wenn sie sich über das Nämliche[8] nicht[9] entzweiten[10]. — 5. Herakles wurde in Aenos von Poltys bewirthet. — 6. Kronos, Friede und Schamhaftigkeit und Gesetzlichkeit und Ueberfluss gewährend, machte[11] die Geschlechter der Menschen[12] ruhig und glücklich. — 7. Die Menschen errichteten Altäre und Standbilder der Götter.
8. Kleophantos, der Sohn[1] des Themistokles, warf vom Pferde aus[13] aufrecht stehend den Wurfspiess und führte vieles[14] andere Bewundernswerthe aus[15]. — 9. Die goldenen Aepfel der Hesperiden[12] wurden von einem Drachen, der[16] hundert Köpfe hatte, bewacht. — 10. Die Athener kämpften mit[3] den Barbaren zum Besten[17] der gesammten Griechen. — 11. Die Thessalier waren unter[18] den Griechen angesehn und wurden wegen[19] ihrer[20] Reitkunst und ihres[20] Reichthums bewundert. — 12. Die Athener und Lakedämonier beriethen sich gemeinsam auch nicht über eine Angelegenheit. — 13. Protagoras hatte mehr Geld durch[13] seine[20] Weisheit, als Pheidias, der so schöne Werke hervorbrachte[15].

**Gemischte Aufgaben über das Präsens und Imperfectum aller Genera.**

1. Die Schwätzer wollen viel[21] hören, damit[22] sie viel[21] zu erzählen haben. — 2. Xanthias und Eudoros waren[23] zur Zeit[24] des[25] Thukydides die besten Ringer[23] unter den Athenern. — 3. Die Arbeit[26] wartet nicht auf die Musse dessen, der[27] [sie] macht, sondern der, welcher[27] [sie] macht, muss sich nach der Arbeit[26] richten[28]. — 4. Alles[21] wird[29] schöner und leichter, wenn[30] einer eins [seiner] Natur gemäss und in der rechten Zeit macht. — 5. In Missgeschicken ruhig zu sein[31] und nicht unwillig zu sein ist am schönsten. — 6. Alle Perser feierten den Geburtstag [ihres] Königs[12]. — 7. Worin[32] sind Gerechtigkeit und Ungerechtigkeit von einander verschieden?
8. Die Skythen und Thraker tranken ungemischten Wein, [ihre] Frauen und sie selbst. — 9. Der Unverständige hält[33] das Nämliche bald für gross, bald für klein. — 10. Der Geldmann sagt, dass[34] das Vergnügen geehrt zu werden[35] nichts werth sei, wenn es nicht[9] Geld bringe[36]. — 11. Die Kyklopen hatten [nur] ein Auge an[37] der Stirn. — 12. Diejenigen, welche[27] Unglücksfälle[38] melden,

werden von denen, die[27] [sie] hören, mit Unwillen angehört. —
13. Die, welche[39] zum[40] Zorne[41] geneigt sind[39], werden wie
Fahrzeuge ohne Ballast umhergetrieben. — 14. Lernet auswendig,
was die Dichter sagen! — 15. Der eine[42] Tag bringt nicht das nämliche mit sich, [wie] der andere[3 42].

[1]) §. 13. I. — [2]) ἐκ c. gen. — [3]) Dativ. — [4]) Genitiv. — [5]) §. 8. II. —
[6]) §. 23. III. — [7]) Indic. Imperf. mit ἄν. — [8]) §. 23. I. — [9]) μή. — [10]) Ind.
Imperf. — [11]) §. 7. II. — [12]) §. 2. II. — [13]) ἀπό c. gen. — [14]) §. 17. II. —
[15]) S. verrichten. — [16]) §. 29. I. Part. Präs. — [17]) ὑπέρ c. gen. — [18]) ἐν c.
dat. — [19]) ἐπί c. dat. — [20]) §. 22. I. — [21]) §. 4. I. — [22]) §. 29. II. —
[23]) rangen am schönsten von (gen.) den Ath. — [24]) κατά c. acc. —
[25]) §. 9. I. — [26]) Das Gethanwerdende. — [27]) §. 8. I. — [28]) muss (§. 5. III.)
der Arbeit nachfolgen. — [29]) §. 4. II. — [30]) ὅταν. §. 28. I. — [31]) S. Ruhe
halten. — [32]) τί. — [33]) §. 32. I. — [34]) §. 6. II. — [35]) das Vergnügen des
Geehrtwerdens (τοῦ τιμᾶσθαι). §. 2. II. — [36]) S. machen. — [37]) ἐπί c. gen.
— [38]) S. Uebel. — [39]) οἱ ὀξύρροποι. — [40]) πρός c. acc. — [41]) Plural.§—
[42]) ἕτερος — ἕτερος.

§. 33. Präsens und Imperf. Activi der Verba contracta
auf αω.

1. Das Hungern und das Dürsten[1] ist unangenehm, aber
hungernd essen und dürstend trinken[2] ist angenehm. — 2. Der
Weise ehrt die[3] Wissenschaften, die seine[4] Seele gut machen[5], die
übrigen[6] aber[3] ehrt er nicht. — 3. Ein Jüngling[3] sieht Vieles[7]
sehr[8] unklar[9], ein Greis aber[3] sehr[8] scharf. — 4. Die Kinder der
ausserordentlich Reichen[10] führen[11] manchmal[12] ein schlechtes
Leben. — 5. Wenn[3 13] ich ein Kindlein spielen[14] sehe, so[15] freue
ich mich und es erscheint mir anmuthig und seinem[16] Lebensalter
angemessen; wenn[3 13] ich aber einen Mann spielen[17] sehe, so[15]
betrübt es mich und es erscheint mir unmännlich und lächerlich. —
6. Ein Vater liebt[18] [seinen] Sohn vor[18] allen übrigen[6] Dingen.

7. Nicht leicht dürftest[19] du eine andere Wissenschaft finden,
welche dem, der[20] sie lernt und studiert, grössere Mühe macht[21],
als die Mathematik. — 8. Derjenige, welcher[20] die Feigheit in sich [10 22]
bekämpft und sie[23] besiegt, wird vollkommen in[24] der Tapferkeit. — 9. Wir lernen, so lange[25] wir leben. — 10. Der Arme ist
gezwungen[26] den Reichen lieb zu haben und der Schwache den
Starken um der Hülfe willen und der, welcher[20] krank ist, den Arzt.
— 11. Platon sagt: Gott lenkt[27] alles Menschliche[7] und mit Gott
das Schicksal und die Zeit[28]. — 12. Der grosse Haufe der Menschen[29] lebt zügellos[12 30] entweder wegen Unwissenheit oder
Unenthaltsamkeit oder beider. — 13. Wenn du fragen willst,
so[15] frage!

[1]) §. 5. I. — [2]) esurientem edere et sitientem bibere. — [3]) §. 8. II. —
[4]) §. 22. II. — [5]) §. 7. II. — [6]) §. 23. II. — [7]) §. 4. I. — [8]) §. 18. II. — [9]) S.

stumpf. — [10]) §. 2. II. — [11]) S. leben. — [12]) §. 1. IV. — [13]) ὅταν. §. 28. I. — [14]) spielend, auf Kindlein bezogen. Lat. ebenso: *si puerulum video ludentem.* — [15]) §. 11. I. — [16]) §. 22. I. — [17]) spielend, auf Mann bezogen. — [18]) S. mehr ehren als. — [19]) §. 28. II. — [20]) §. 8. I. — [21]) S. gewähren. — [22]) §. 21. IV. — [23]) §. 21. III. — [24]) πρός c. acc. — [25]) ἕωσπερ ἄν. §. 28. I. — [26]) Präsens. — [27]) S. steuern. — [28]) S. rechte Zeit. — [29]) Der ganze (§. 17. III.) menschliche Haufe. — [30]) Nicht durch ein Wort zu übersetzen.

### §. 34. Präsens und Imperf. Medii und Passivi der Verba contracta auf αω.

1. Wenn[1] wir eitle Wünsche aussprächen, so[2] würden[3] wir mit Recht verlacht werden. — 2. Der Ungebildete bedient sich nicht der Ueberredung durch Worte, sondern setzt Alles[4] mit[5] Gewalt und Rohheit durch, wie ein Thier, und lebt in Unwissenheit. — 3. Das, was[6] gesehen wird, sehen wir durch[5] das Gesicht. — 4. Wenn[7] die Ehrgeizigen von[8] Grösseren und Angeseheneren nicht[9] geehrt werden, so[2] begnügen sie sich von Geringeren und weniger Angesehenen geehrt zu werden. — 5. Sich selbst[10] besiegen[11] ist von[12] allen Siegen der[13] erste und beste, von[8] sich selbst[10] aber besiegt zu werden[14], von[12] Allem das[13] hässlichste und schlimmste. — 6. Die Wissenschaft zwingt die Seele, sich des Denkens zur Erforschung der Wahrheit[15] zu bedienen.

7. Ich möchte[16] mir lieber einen lieben Freund erwerben, als das Gold des Dareios[17]. — 8. Denjenigen, die[6] krank sind, versuchen[18] die, welche sie pflegen[19], die Heilmittel in gewissen[20] angenehmen Speisen[21] und Getränken beizubringen. — 9. Wenn[1] der Reichthum und die Reichen in einem Staate geehrt werden, so[2] sind die Tugend und die Guten ungeehrt. — 10. Die[22] Thessalier bedienten sich wegen der Natur ihres[23] Landes[17] mehr der Pferde, die[22] Kreter mehr des Laufes[24]. — 11. Die Sonne bewirkt[25] die Jahreszeiten und die Zeitabschnitte und regiert Alles[4] in der sichtbaren Welt[26] und ist gewissermassen die[13] Urheberin von[12] Allem[4], was wir sehen. — 12. Die Tapferkeit und Furchtlosigkeit muss man[27] in Gefahren üben[28].

[1]) §. 29. I. — [2]) §. 11. I. — [3]) §. 28. II. — [4]) §. 4. I. — [5]) Dativ. — [6]) §. 8. I. — [7]) ἐάν. §. 28. I. — [8]) §. 9. II. — [9]) μή. — [10]) §. 21. IV. — [11]) Das sich selbst besiegen. §. 5. I. — [12]) Genitiv. — [13]) §. 2. III. — [14]) Das von sich selbst besiegt werden. §. 5. I. — [15]) zu (ἐπί c. acc.) der Wahrheit selbst (§. 23. I.). — [16]) Ich dürfte wünschen. §. 28. II. — [17]) §. 2. II. — [18]) Medium. — [19]) denen (§. 24. III.) diese am Herzen liegen. — [20]) §. 25. III. — [21]) S. Nahrungsmittel. — [22]) §. 8. II. — [23]) §. 22. I. — [24]) Plural. — [25]) gewährt. — [26]) in dem gesehen werdenden Raume. — [27]) §. 5. III. — [28]) Medium von καταμελετᾶν.

### §. 35. Präsens u. Imperf. Activi der Verba contracta auf εω.

1. Die Lüge hassen alle Götter und Menschen. — 2. Derjenige, welcher[1] seinen[2] fehlenden[3] Vater straft, würde[4] etwas Unerhörtes

thun. — 3. Wenn⁵ du etwas thust, so⁶ willst du nicht das⁷, was⁸ du thust, sondern jenes, wesshalb⁹ du [es] thust. Zum Beispiel wenn¹⁰ du eine Arzenei trinkst, willst du nicht das⁷, was⁸ du thust, [nämlich] die Arzenei trinken, sondern jenes, wesshalb⁹ du [es] thust, [nämlich] gesund sein. Wenn¹⁰ du aber schiffst, so⁶ willst du auch nicht das⁷, was⁸ du thust; denn wer will schiffen und sich in Gefahr begeben? Sondern du willst jenes, wesshalb⁹ du schiffst, [nämlich] reich sein. — 4. Es dürfte⁴ Einer für das am meisten sorgen, was⁷ er liebt.

5. Der Eine trägt Verlangen nach diesem, der Andere nach jenem¹¹ Besitz¹², der Eine¹³ trägt Verlangen sich Pferde zu erwerben, der Andere¹³ Hunde, der Andere¹³ Gold, der Andere¹³ Ehren. — 6. Orpheus bewegte durch seinen Gesang¹⁴ Steine und Bäume. — 7. Der Besonnene thut seine² Pflichten gegen¹⁵ die Götter und gegen¹⁵ die Menschen; denn er würde⁴ nicht besonnen sein, wenn¹⁰ er seine Pflichten nicht¹⁶ thäte. — 8. Denen, die¹ nicht¹⁶ krank sind, ist der Arzt unnütz und denen, die¹ nicht¹⁶ schiffen, der Steuermann. — 9. Die Geldleute loben nichts als den Reichthum. — 10. Es ist natürlich, die, welche⁷⁸ man für gut hält¹⁷, zu lieben, die aber, welche⁷⁸ man für schlecht hält¹⁷, zu hassen.

¹) §. 8. I. — ²) §. 22. I. — ³) Unrecht thuenden Vater. — ⁴) §. 28. II. — ⁵) ἐάν. §. 28. I. — ⁶) §. 11. I. — ⁷) §. 24. III. — ⁸) Setze ἄν zum Relativ. §. 28. I. — ⁹) um wessen willen. — ¹⁰) §. 29. I. — ¹¹) §. 23. III. — ¹²) S. Besitzthum. — ¹³) §. 5. II. — ¹⁴) singend. — ¹⁵) περί c. acc. — ¹⁶) μή. — ¹⁷) §. 32. I.

### §. 36. Präsens und Imperf. Medii und Passivi der Verba contracta auf εω.

1. Ich würde¹ weder wünschen Unrecht zu leiden, noch Unrecht zu thun. Wenn es aber nothwendig wäre¹ Unrecht zu thun oder Unrecht zu leiden, so² würde¹ ich lieber Unrecht leiden, als Unrecht thun. — 2. Mit Recht sagt man, dass³ diejenigen, welche⁴ nichts⁵ bedürfen, die⁶ glücklichsten sind. — 3. Der Ehrgeizige hält⁷ das Vergnügen an⁸ dem Gelde und an⁸ dem Lernen⁹ für gemein, wenn es nicht¹⁰ Ehre bringt. — 4. Von¹¹ den Staaten werden die einen¹² von Tyrannen, die andern¹² von den Vornehmsten, noch andere¹² vom Volke beherrscht. — 5. Zehn Jahre¹³ wurde Ilion belagert. — 6. Der Schätzesammelnde, der¹⁴ von⁶ Allem Gewinn zieht, wird von der Menge gelobt.

7. Eine Kunst, die geehrt wird, wird geübt¹⁵, die aber nicht geehrt wird, wird vernachlässigt. — 8. Wenn in einem Staate, in welchem ein roher und ungebildeter Tyrann ist, Jemand besser wäre¹⁶, als¹⁷ dieser, so² würde¹ sich der Tyrann vor¹³ ihm¹⁹ doch wohl fürchten, wenn Jemand aber schlechter wäre¹⁶, so² würde¹ er

ihn[18] verachten. — 9. Die Menschen, wenn[19] sie betrübt sind, preisen das **Freisein von Betrübniss**[20] als[21] das[6] angenehmste. — 10. Diejenigen, welche[4] zu[22] Kauf und Verkauf dienend auf[23] dem Markte sitzen, heissen Kleinhändler. — 11. Die kretische und die lakonische Verfassung wird von den Meisten[24] gelobt. — 12. Viele begehen einen Fehler, indem[14] sie sich einer Beschäftigung unterziehen, **die für sie zu gross ist**[25].

¹) §. 28. II. — ²) §. 11. I. — ³) *dicuntur esse.* — ⁴) §. 8. I. — ⁵) μηδείς. — ⁶) §. 2. III. — ⁷) §. 32. I. — ⁸) ἀπό c. gen. — ⁹) §. 5. I. — ¹⁰) μή. — ¹¹) Genitiv. — ¹²) §. 5. II. — ¹³) Accusativ. — ¹⁴) §. 29. I. — ¹⁵) s. ausüben. — ¹⁶) Optativ. — ¹⁷) §. 18. I. — ¹⁸) §. 21. III. — ¹⁹) ἐάν. §. 28. I. — ²⁰) das nicht (μή) Betrübtsein. — ²¹) ὡς. — ²²) πρός c. acc. — ²³) ἐν c. dat. — ²⁴) §. 17. I. — ²⁵) eine Beschäftigung grösser, als (§. 18. I.) sie selbst (§. 21. IV.).

## §. 37. Präsens und Imperf. Activi der Verba contracta auf οω.

1. Die Namen offenbaren[1] die Natur der Dinge[2]. — 2. Die Mütter sollen[3] ihre[4] Kinder nicht[5] in Schrecken setzen[3], indem[6] sie sagen, dass[7] gewisse[8] Götter bei Nacht umhergehen, damit[9] sie nicht[9] zugleich auf[10] die Götter lästern und ihre[4] Kinder feiger machen[11]. — 3. Viele halten die schlechten Begierden zurück, **ohne sie durch die Vernunft zu besänftigen**[12], sondern aus[13] Zwang oder Furcht. — 4. Kein Vogel singt, wenn[14] er hungert oder friert oder irgend einen anderen Schmerz empfindet[15]. — 5. Die[16] dürften[17] am besten handeln, welche[16] am wenigsten sündigen gegen[18] sich[19] und die übrigen Menschen, das meiste aber **recht machen**[20]. — 6. Die Ehrbegierde trübt den Verstand der Menschen[2].

7. Wir erwerben uns Freunde, damit[9] sie, wenn[21] wir irren, uns wieder aufrichten in Worten und Werken. — 8. Sich[19] einem Anderen ähnlich machen[22] entweder an[23] Stimme oder an[23] Haltung heisst[24] jenen nachahmen, dem man sich[19] ähnlich macht. — 9. Indem[6] der nämliche Wind weht, frieren oft die Einen[25], die Anderen[25] nicht, die Einen sehr, die Andern wenig. — 10. Niemand dürfte[17] im Stande sein[26] alle Begierden zu befriedigen. — 11. Ein plötzliches und unerwartes Unglück[27] beugt den Muth[28] des Mannes[2] nieder, **auch wenn**[29] er tapfer ist. — 12. O Knabe, eifre deinem[4] Vater nach und folge[30] seinen[31] Fusstapfen. — 13. Die Namen Astyanax und Archepolis bedeuten[1] dasselbe[32].

¹) §. 4. II. — ²) §. 2. II. — ³) Imperativ. — ⁴) §. 22. I. — ⁵) μή. — ⁶) §. 29. I. — ⁷) §. 6. II. — ⁸) §. 25. III. — ⁹) §. 29. II. — ¹⁰) εἰς c. acc. — ¹¹) §. 7. II.— ¹²) die Begierden, nicht besänftigt durch (Dativ) die Vernunft. — ¹³) Dativ. — ¹⁴) ὅταν. §. 28. I. — ¹⁵) Schmerz empfinden, λύπην λυπεῖσθαι. — ¹⁶) §. 24. III. — ¹⁷) §. 28. II. — ¹⁸) περί c. acc. — ¹⁹) §. 21. IV. —

²⁰) Ein Wort! — ²¹) ἐάν. §. 28. I. — ²²) §. 5. I. — ²³) κατά c. acc. — ²⁴) ist. — ²⁵) §. 5. II. — ²⁶) §. 26. III. — ²⁷) S. Schicksal. — ²⁸) S. Hochsinn. — ²⁹) κἄν (= καὶ ἐάν.). §. 28. I. — ³⁰) S. verfolgen. — ³¹) §. 22. II. — ³²) §. 23. I.

### §. 38. Präsens und Imperf. Medii und Passivi der Verba contracta auf οω.

1. Es ist nöthig, dass[1] die Knaben für ihre[2] Körper, während sie heranwachsen[3] und stark werden[3], wohl Sorge tragen. — 2. Die[4] guten Triebe muss man[1] ehren und üben, die[4] schlechten zügeln und sich unterwerfen[5]. — 3. Wenn[6] die Seele nicht[7] in Aufruhr ist, geniessen wir die besten und wahrsten Vergnügen. — 4. Keiner zürnt oder ermahnt oder züchtigt die, welche[8] von[9] Natur Fehler[10] haben, zum Beispiel die Hässlichen oder die Kleinen oder die Schwachen, sondern Jeder bedauert [sie]. — 5. Wenn[11] ein Sclave mit eigener Hand einen Freien tödtet, so[12] werde er mit[9] dem Tode bestraft. — 6. Der Liebende ist blind gegen[13] das Geliebte. — 7. Die Frauen zogen die Kinder des[14] Kyros[15] gross und hinderten, dass[16] sich ihnen[17] Jemand[18] widersetzte[19], und zwangen Alle das, was[6] von ihnen[17] gesagt oder gethan wurde[20], zu loben. — 8. Die[21] grösste Strafe der Uebelthat[15] ist, dass man den schlechten Männern ähnlich ist[22], indem[6] man aber diesen ähnlich ist, die guten Männer flieht[22]. — 9. Jeder zürnt und ertheilt Ermahnungen[23], wenn[11] Einer die Güter nicht[7] hat, welche die Menschen sich durch[24] Sorgfalt und Uebung und Unterricht aneignen[25]. — 10. Die menschliche Natur würde[26], wenn[6] sie alle menschlichen[27] [Dinge] selbstständig verwaltete, voll Uebermuth[28] und Ungerechtigkeit[28] sein[29]. — 11. Die grösseren Städte besiegen im Kampfe[30] die kleineren und unterjochen [sie] sich[5].

### Gemischte Aufgaben über das Präsens und Imperfectum der Verba contracta.

1. Es ist ein Schimpf für[9] einen Mann, wenn er weder[31] sich[32], noch[31] einen Freund aus Gefahren errettet, von den Feinden des ganzen Vermögens[33] beraubt wird und ehrlos in der Stadt lebt. — 2. Derjenige, welcher[8] sich mit dem Göttlichen und Ehrbaren beschäftigt, wird selbst gottähnlich und ehrbar. — 3. Niemals wird der von den Göttern vernachlässigt, welcher[34] sich bestrebt[35] gerecht zu werden und so weit es einem Menschen möglich ist, Gott ähnlich zu sein. — 4. Haben[36] wir ein grösseres Uebel für[9] den Staat, als Aufstände, welche[37] ihn[17] zerreissen und aus[38] einem viele machen? oder ein grösseres Gut, als die Einigkeit und Freundschaft der Bürger, welche ihn[17] verbindet und zu einem macht[39]? — 5. Die Athener liebten das Schöne mit Mässigung.

6. Man muss¹ nicht alle Meinungen⁴⁰ beachten⁴¹, sondern die guten⁴² zwar, die schlechten aber nicht; die guten aber sind die der Vernünftigen, die schlechten aber die der Unverständigen. — 7. Die Armuth macht die Menschen dehmüthig. — 8. Thöricht ist, wer etwas Anderes für lächerlich hält⁴³, als das Schlechte. — 9. Wenn¹¹ der Redner die Redekunst unrecht gebraucht, so¹² muss man¹ nicht seine² Lehrer anklagen, sondern den, der⁸ Unrecht thut und die Redekunst nicht richtig gebraucht. — 10. Wenn wir gezwungen werden in⁴⁴ das Licht selbst zu blicken, empfinden wir Schmerz in³³ den Augen. — 11. Das²¹ Schöne⁴ ist das, was⁸ ²⁷ dem Göttlichen das Thierische⁴⁵ der menschlichen Natur unterordnet, das²¹ Hässliche aber das, was⁸ ²⁷ den veredelten Theil dem rohen⁴⁵ unterwirft.

¹) §. 5. III. — ²) §. 22. I. — ³) §. 4. II. — ⁴) §. 8. II. — ⁵) §. 31. I. — ⁶) §. 29. I. — ⁷) μή. — ⁸) §. 8. I. — ⁹) Dativ. — ¹⁰) S. Uebel. — ¹¹) ἐάν. §. 28. I. — ¹²) §. 11. I. — ¹³) περί c. acc. — ¹⁴) §. 9. I. — ¹⁵) §. 2. II. — ¹⁶) Acc. c. Inf. — ¹⁷) §. 21. III. — ¹⁸) μηδείς. — ¹⁹) Inf. Präs. — ²⁰) Part. Präs. — ²¹) §. 2. III. — ²²) Das Aehnlichsein — das Fliehen. §. 5. I. — ²³) S. ermahnen. — ²⁴) ἐκ c. gen. — ²⁵) welche den Menschen entstehen. §. 4. II. — ²⁶) §. 28. II. — ²⁷) §. 4. I. — ²⁸) Genitiv. — ²⁹) Ein Wort! — ³⁰) kämpfend. — ³¹) μήτε — μήτε. — ³²) §. 21. IV. — ³³) Accusativ. — ³⁴) §. 24. III. Setze ἄν zum Relativ. §. 28. I. — ³⁵) S. geneigt sein. — ³⁶) §. 31. II. — ³⁷) Setze ἄν zum Relativ. §. 23. II. — ³⁸) S. anstatt. — ³⁹) et unam efficit. §. 7. II. — ⁴⁰) S. Vorstellung. — ⁴¹) S. ehren. — ⁴²) S. tüchtig. — ⁴³) §. 32. I. — ⁴⁴) πρός c. acc. — ⁴⁵) das Veredelte dem Rohen.

## §. 39. Der zweite Aoristus Activi und Medii.

I. Der Indicativ des Aorist ist entsprechend dem lateinischen Perfectum historicum das erzählende Tempus der Griechen. *Veni, vidi, vici*, ἦλθον, εἶδον, ἐνίκησα.

II. Der Conjunctiv, Optativ, Imperativ und Infinitiv des Aorist stehen meist ohne Rücksicht auf die Zeit und unterscheiden sich von den entsprechenden Formen des Präsens nur dadurch, dass sie nicht, wie dieses, einen Zustand, eine dauernde Handlung, sondern die eintretende Handlung bezeichnen. Χαλεπὸν τὸ ποιεῖν, τὸ δὲ κελεῦσαι ῥᾴδιον, schwierig ist die Ausführung, das Befehlen aber leicht.

III. Das Particip des Aorist bezeichnet nur eine vergangene Handlung und zwar eine solche, die vor der im Hauptverb bezeichneten geschehen ist. Ταῦτ' εἰπὼν ἐπαύσατο, nachdem er das gesagt hatte, hörte er auf.

1. Der Tyrann muss¹ die Hochherzigen alle heimlich wegräumen, wenn er herrschen will², bis³ er weder⁴ von⁵ den Feinden, noch⁴ von⁵ den Freunden einen⁶ übrig gelassen hat, der etwas werth ist⁷. — 2. Temenos und die Kinder des⁸ Aristodemos⁹,

Prokles und Eurysthenes, und Kresphontes warfen Loose[10] in eine Stimmurne; Temenos und die Kinder des[8] Aristodemos[9] warfen Steine hinein, Kresphontes aber eine Erdscholle[11]. — 3. Aeschylos brachte die Zahl[12] der Schauspieler[9] von[13] einem auf[14] zwei und verminderte die Menge des Chores. — 4. Herakles schnitt viele Köpfe der Hydra[9] ab, aber er war nicht im Stande[15], den Kampf mit[17] ihr durchzukämpfen[16]. — 5. Versuche es, viele[18] schöne Werke [als] Andenken an[5] dich[19] zu hinterlassen[20].

6. Dem Alkibiades und seinem[21] Bruder liess sein[21] Vater den[8] Perikles, den Sohn[22] des Xanthippos, [als] Vormund zurück. — 7. Einige stellen von[5] allen Gedichten das Hauptsächliche zusammen und[23] lernen [es] auswendig. — 8. Die Athener trafen bei[24] Tanagra wegen[25] der Freiheit der Böotier[9] mit[17] den Lakedämoniern im Kampfe[26] zusammen. — 9. Ich weiss[27] nicht mehr, wohin ich mich wende[28], sondern bin in Verlegenheit. — 10. Nachdem[29] Hera dem Dionysos Wahnsinn eingeflösst hatte[20], durchirrte er Aegypten und Syrien. — 11. Wenn[30] Jemand die Saiten einer Lyra[9] durchschnitten hat[29], geht die Harmonie verloren[31]. — 12. Euenos stürzte sich[19] in den Fluss Lykormas[32] und der Fluss heisst von[33] ihm[34] Euenos.

13. Die Thraker fielen mit Eumolpos, dem Sohne[22] des Poseidon, in Attika ein. — 14. Kein Gesetz erlaubt[35] uns den Vater oder die Mutter zu tödten, denen wir das Leben verdanken[36]. — 15. Alexander der Grosse war sehr glücklich[37] [darin], aus dem Vorliegenden[38] das wahrscheinlich Folgende[39] zu errathen[20]. — 16. Wenn du den Weg zur[40] Tugend[9] einschlägst[41], dürftest[42] du ein Verehrer des Schönen und Ehrwürdigen[43] werden. — 17. Man[44] sei nicht[45] geldgierig um der Kinder willen, dass[46] man sie so reich wie möglich[47] zurücklasse[20]; denn es ist für[17] jene nicht gut. — 18. Hermes brachte[48] zu[14] den Menschen Schamhaftigkeit und Recht, damit[46] diese der[40] Schmuck[50] der Städte seien. — 19. Oft änderte ein Krieg die Verfassung und die Gesetze.

[1]) §. 5. III. — [2]) S. gedenken. — [3]) ἕως ἄν. §. 28. I. — [4]) μήτε — μήτε. — [5]) Genitiv. — [6]) μηδείς. — [7]) Ich bin etwas werth, ἐμοῦ ὄφελός (Werth) τί ἐστιν. — [8]) §. 9. I. — [9]) §. 2. II. — [10]) S. Stimmstein. — [11]) eine Scholle von Erde. — [12]) führte die Menge. — [13]) ἐκ c. gen. — [14]) εἰς c. acc. — [15]) §. 26. III. — [16]) διαμάχεσθαι. — [17]) Dativ. — [18]) §. 17. II. — [19]) §. 21. IV. — [20]) Aorist. — [21]) §. 22. I. — [22]) §. 13. I. — [23]) zusammengestellt habend (Aor.) lernen auswendig. — [24]) ἐν c. dat. — [25]) ὑπέρ c. gen. — [26]) kämpfend. — [27]) Ich habe. — [28]) Conjunct. Aor. Med. §. 31. I. — [29]) §. 29. I. — [30]) ὁπόταν. §. 28. I. — [31]) ἀπόλωλε(ν). — [32]) der Fluss Lykormas, ὁ Λυκόρμας ποταμός. — [33]) παρά c. gen. — [34]) §. 21. III. — [35]) S. gewähren. — [36]) welche uns an (εἰς) das Licht geführt haben (Aor.). — [37]) ἐπιτυχής. §. 18. II. — [38]) τὸ φαινόμενον. §. 4. I. — [39]) S. natürlich. — [40]) πρός c. acc. — [41]) τρέπεσθαι. Optat. Aor. — [42]) §. 28. II. — [43]) §. 4. I. — [44]) §. 25. III. — [45]) §. 1. III. — [46]) §. 29. II. — [47]) §. 18. III. — [48]) S. führen. — [49]) §. 2. III. — [50]) Plural.

§. 40. **Das erste Futurum Activi und Medii.**

I. Das einfache Futurum bezeichnet im Griechischen, wie im Lateinischen, dass einmal in Zukunft eine Handlung geschehen wird. Ich werde das thun, τοῦτο ποιήσω, id faciam.
1. Sage mir, worin[1] ich besser und worin ich schlechter bin; das eine[2] werde ich üben[3] und [danach] trachten, das andere[2] fliehen. — 2. Derjenige, welcher[4] fehlt, wird schlecht handeln, derjenige aber, welcher[4] schlecht handelt, wird unglücklich sein. — 3. Der, welcher[4] sich Werkzeuge wegen[5] Armuth nicht[6] verschaffen[7] kann[8] oder etwas Anderes von[9] dem[10] zur[11] Kunst [Nöthigen], wird die Arbeit schlechter machen[12]. — 4. Die, welche[4] den Staat bewachen sollen[13], müssen[14] es für das Schimpflichste halten[15], leicht einander verhasst zu werden. — 5. Wenn[16] mir gefällt, was du sagst, werde ich zunicken[17], wenn aber nicht[6], werde ich [mit dem Kopfe] schütteln[17]. — 6. Hoffe immer[18], dass[19] Gott den Guten, wenn[20] Drangsale[21] eintreten, aus[22] grösseren [Drangsalen] geringere machen werde.
7. Es ist nothwendig, dass[19] der Staat, welcher[20] glücklich sein will[23], Anerkennung[10][24] und Beschimpfung[10] richtig vertheilt. — 8. Wenn ein Mensch, der[20] eine Seele hat, die[20] nach Vergnügen strebt, über einen Staat herrschen wird, so ist keine Möglichkeit der Wohlfahrt[25]. — 9. Es ist ein Gesetz der Karthager, dass[19] weder[26] ein Sclave, noch[26] eine Sclavin Wein geniesse[27], auch nicht[28] die Beamten, während[29] der[30] Zeit[31], in[29] der[30] sie herrschen, auch nicht[28] wer[32] in eine Rathsversammlung geht[33], um Rath zu geben[34]. — 10. Diejenigen, welche[4] glauben, dass[35] die Zustände im Hades[36] schrecklich sind, werden nicht ohne Furcht vor dem Tode sein und in den Schlachten den Tod der Niederlage und Knechtschaft nicht vorziehen.
11. Die sterbliche Natur, den[37] Schmerz ohne Grund fliehend, nach dem Vergnügen aber[37] trachtend, wird den Menschen immer zur[39] Habsucht und zum[38] Verfolgen des eigenen Vortheiles anreizen. — 12. Diejenigen, welche[4] gerecht und besonnen handeln, werden gottgefällig handeln. — 13. Ein Tyrann fürchtet sich vor[29] dem Beherrschten und wird ihn[30] weder reich noch stark noch tapfer noch überhaupt kriegerisch werden lassen. — 14. Werden wir[40] den Jüngsten die meisten Mühen auftragen? — 15. Wenn die Staaten glücklich sein wollen[41], bedürfen sie nicht der Mauern, auch nicht[42] der Dreiruderer, auch nicht[42] der Schiffswerften, auch nicht[42] der Grösse.

¹) Indirectes Interrog. von πῇ. §. 26. I. — ²) §. 5. II. — ³) S. ausüben. — ⁴) §. 8. I. — ⁵) ὑπό c. gen. — ⁶) μή. — ⁷) sich gewähren. §. 31. I. — ⁸) S. haben. — ⁹) Genitiv. — ¹⁰) Plural. — ¹¹) εἰς c. acc. — ¹²) §. 7. II. — ¹³) zu bewachen (Futur.) gedenken. — ¹⁴) §. 5. III. — ¹⁵) §. 32. I. — ¹⁶) ὅταν. §. 28. I. — ¹⁷) Medium. — ¹⁸) §. 1. IV. — ¹⁹) Acc. c. Inf. —

²⁰) §.29.I. — ²¹) S.Mühe. — ²²) S. anstatt. — ²³) zu sein (Futur.) gedenkt. — ²⁴) S. Ehre. — ²⁵) S. Rettung. — ²⁶) μήτε—μήτε. — ²⁷) S. kosten. — ²⁸) μηδέ. — ²⁹) Accusativ. — ³⁰) §. 24. III. — ³¹) S. Zeitabschnitt. — ³²) §. 25. I. — ³³) S. mitgehen. — ³⁴) *consilium daturus*. Part. Fut. von βουλεύεσθαι. — ³⁵) §. 6. II. — ³⁶) das (Neutr. Pl.) im Hades. §. 6. I. III. — ³⁷) §. 8. II. — ³⁸) ἐπί c. acc. — ³⁹) §. 21. III. — ⁴⁰) §. 31. II. — ⁴¹) zu sein (Fut.) gedenken. — ⁴²) Ein Wort!

## §. 41. Das zweite Futurum Activi und Medii.

1. Der gute Mensch wird bei Jedem¹, dem² er begegnet, glauben einem Bruder oder einer Schwester, einem Vater oder einer Mutter, einem Sohne oder einer Tochter zu begegnen. — 2. Gorgias befahl zu fragen, was³ man⁴ wolle⁵, und sagte, er werde auf Alles⁶ antworten⁷. — 3. Versuchet⁸ euch alle Mühe zu geben⁹, dass¹⁰ ihr eure¹¹ Vorfahren durch¹² guten Ruf übertrefft. — 4. Wenn es für¹³ die Gesundheit einem Menschen besser wäre⁵, sich der Speisen¹⁴ und Getränke¹⁵ zu enthalten, er aber aus¹⁶ Unenthaltsamkeit es nicht¹⁷ im Stande wäre⁵, so¹⁸ würde¹⁹ es für¹² diesen Menschen besser sein, nicht¹⁷ zu besitzen²⁰, womit²¹ er [sie] sich verschaffte²². — 5. Ich werde für²³ euch antworten. — 6. Wir werden auf diese warten, bis²⁴ sie da sind. — 7. Derjenige, welcher²⁵ die Seele prüfen will²⁶, muss²⁷ drei [Dinge] haben, Kenntniss und Wohlwollen und Freimuth. — 8. In jedem Staate werden Menschen nöthig sein²⁸, die aus andern Ländern ihm²⁹ verschaffen²², was⁶ er bedarf. — 9. Die Seele muss²⁷ unerfahren in schlechten Sitten sein, wenn sie gesund die Dinge beurtheilen will³⁰. — Wir werden die Barbaren abwehren, wenn sie gegen³¹ unser Land ziehen³² werden. — 11. Der Gerichtshof wird den Process entscheiden. — 12. Die Richter werden die Schlechtgearteten und Unheilbaren tödten lassen³³.

¹) wird glauben Jedem zu begegnen als (ὡς) einem Bruder u. s. w. — ²) Setze ἄν zum Relativum. §. 28. I. — ³) §. 25. I. — ⁴) §. 25. III. — ⁵) Optativ. — ⁶) §. 4. I. — ⁷) Blosser Inf. §. 6. II. — ⁸) Medium. — ⁹) alle Bereitwilligkeit zu haben. — ¹⁰) ὅπως mit dem Indic. Futuri. — ¹¹) §. 22. I. — ¹²) Dativ. — ¹³) πρός c. acc. — ¹⁴) S. Nahrungsmittel. — ¹⁵) S. Trank. — ¹⁶) διά c. acc. — ¹⁷) μή. — ¹⁸) §. 11. I. — ¹⁹) §. 28. II. — ²⁰) ὑπάρχειν. — ²¹) ὁπόθεν. — ²²) Futurum. — ²³) ὑπέρ c. gen. — ²⁴) ἕως ἄν. §. 28. I. — ²⁵) §. 8. I. — ²⁶) zu prüfen (Fut.) gedenkt. — ²⁷) §. 5. III. — ²⁸) δεήσει, es wird Bedarf sein an (gen.) Menschen. — ²⁹) §. 21. III. — ³⁰) zu beurtheilen (Futur.) gedenkt. — ³¹) ἐπί c. acc. — ³²) S. zu Felde ziehen. — ³³) werden tödten.

## §. 42. Der erste Aoristus Activi und Medii. 1. Die sigmatische Form.

1. Den¹ Kimon exostrakisierten die Athener, damit² sie innerhalb³ zehn Jahren seine⁴ Stimme nicht² hörten, dem¹ Themistokles

thaten[5] sie dasselbe[6] an und bestraften ihn obendrein mit[7] Verbannung. — 2. Im Anfange[8] der Ilias[9] erzählt der Dichter, dass[10] Chryses den Agamemnon bittet, seine[11] Tochter frei zu geben[12], dieser aber in Zorn gerathe, dass[10] Chryses aber, da er es nicht erlangte[13], die Achäer verwünsche. — 3. Meletos, der Pitthier, klagte den Sokrates an, als ob er neue Götter erdichte[14], an die alten[15] aber nicht glaube[14]. — 4. Die Kinder bringen, wenn[16] sie sich gestossen haben, mit[17] Schreien[18] die Zeit hin. — 5. Wir verhindern, dass[19] die Kinder frei sind, bis[20] wir das Beste in ihnen[21] ausgebildet haben[12].

6. Meistentheils lieben diejenigen[22] das Geld nicht sehr[23], welche[22] es sich nicht selbst erworben haben[12]. Diejenigen aber, die[24] [es] sich erworben haben, haben es[21] doppelt [so] gern, als die Uebrigen. — 7. Den Lakedämoniern befahl[25] ihr[11] Gesetzgeber sich der grössten Vergnügungen und Ergötzungen[26] zu enthalten. — 8. Die Begierden, die Einer entfernen könnte[27], wenn er von Jugend auf[28] sich Mühe gäbe[29], würden[27] wir nicht nothwendige nennen[30]. — 9. Diejenigen, welche[24] krank sind, hoffen oft[23], wenn[31] Jemand ein Heilmittel gerathen hat, von diesem gesund zu werden. — 10. Die Götter schenkten[5] den Menschen den Wein, damit[2] sie sich wieder verjüngten und den Missmuth vergässen[32].

11. Sokrates sagte, es sei ihm[33] nicht erlaubt[34], Falsches gelten zu lassen[12] und Wahres zu unterschlagen[12]. — 12. Nicht einmal Momos dürfte[27] den schelten, der[35] ein Freund der Wahrheit, Gerechtigkeit, Tapferkeit, Besonnenheit ist. — 13. Zeus, der beste und gerechteste der Götter, fesselte seinen[4] [eigenen] Vater, weil er seine[11] Kinder nicht mit Recht verschlang. — 14. Die Begierden, die wir zu unterdrücken[12,36] nicht im Stande sind und deren Befriedigung uns nützt[37], dürften[33] wir mit Recht nothwendige nennen[30]. — 15. Die Naschhaften kosten das, was[24] jedesmal vorgesetzt wird, [es] wegreissend, bevor sie das Frühere mässig genossen[39] haben[12]. — 16. Eriphyle empfing[40] für[41] das Leben[42] ihres[11] Mannes ein Halsband.

1) §. 9. I. — 2) §. 29. II. — 3) Genitiv. — 4) §. 22. II. — 5) Medium. — 6) §. 23. I. — 7) Dativ. — 8) Der Anfang, τὰ πρῶτα. — 9) §. 2. II. — 10) §. 6. II. — 11) §. 22. I. — 12) Aorist. §. 39. II. — 13) Imperfectum. — 14) als (ὡς) erdichtend — nicht glaubend. — 15) antiquos. — 16) §. 29. I. — 17) ἐν c. dat. — 18) §. 5. I. — 19) Accus. c. Inf. — 20) ἕως ἄν. §. 28. I. — 21) §. 21. III. — 22) §. 24. III. Setze ἄν zum Relativum. §. 28. I. — 23) §. 1. IV. — 24) §. 8. I. — 25) S. auftragen. — 26) S. Scherz. — 27) §. 28. II. Opt. Aor. §. 39. II. — 28) a (ἐκ) puero. — 29) Opt. Aor. §. 39. II. — 30) §. 10. I. — 31) ἐάν. §. 28. I. — 32) und Vergessenheit des Missmuthes werde. — 33) §. 21. IV. — 34) es ist erlaubt, θέμις ἐστίν. — 35) §. 24. III. — 36) S. abwenden. — 37) und welche, wenn (§. 29. I.) sie befriedigt werden, uns nützen. — 38) §. 28. II. — 39) S. Genuss haben. — 40) S. annehmen. — 41) ἐπί c. dat. — 42) S. Seele.

§. 43. Der erste Aoristus Activi und Medii. 2. Die suppletorische Form.

1. Die Götter theilten vielen[1] Guten Unglücksfälle und ein schlechtes Leben zu, Schlechten aber[1] das entgegengesetzte Loos. — 2. Nachdem[2] die Herakleiden ihr[3] Kriegsheer dreifach getheilt hatten, gründeten sie drei Staaten, Argos, Messene, Lakedämon. — 3. Die Athener standen den Argeiern gegen die Kadmeier bei und den Herakleiden gegen die Argeier. — 4. Für[4] denjenigen, der[5] Vater oder Mutter im[4] Zorn getödtet hat, sei [der] Tod die Strafe! — 5. O Kind, du bist [noch] jung, verschieb es[7] also auf[6] die spätere Zeit über die wichtigsten Dinge zu urtheilen[7]. — 6. Die welche[5] ihre[3] Seele von[8] Schamhaftigkeit und Besonnenheit und Mässigkeit entblösst und gereinigt haben, werden von Uebermuth und Zügellosigkeit und Unverschämtheit beherrscht[9].
7. Ardiäos, Tyrann in einer[10] Stadt Pamphyliens, tödtete seinen[3] Vater und seinen[3] älteren[11] Bruder und verübte viele andere Schandthaten[12]. — 8. Da[2] die Götter das mühselige Geschlecht der Menschen[13] bemitleideten, verordneten[14] sie ihnen[15] Erholungen von[9] den Mühen. — 9. Wir ziehen es vor lieber schön zu sterben, bevor wir unsere Väter und unser ganzes Geschlecht beschimpfen[16]. — 10. Wenn[17] Jemand unfreiwillig[18] seinen[3] Sclaven getödtet hat, so werde er, nachdem[2] er sich gereinigt[19] hat, vom Morde freigesprochen. — 11. Sokrates brachte die Fabeln des Aesop[13] in Verse und machte den Anfang eines Gesanges auf[6] Apollon. — 12. Die Griechen selbst verwüsteten oft Griechenland. 13. Diejenigen, welche[5] um Ilion wohnten[20], entflammten im Vertrauen auf die Macht[21] der Assyrier den Krieg gegen[22] Troja[13]. — 14. Als[2] ein[10] Seriphier den Themistokles schmähte[14] und sagte[20], dass[23] er nicht durch[24] sich selbst[25], sondern durch seine[3] Vaterstadt[26] berühmt sei[27], antwortete Themistokles, dass[23] er selbst weder als Seriphier[28] berühmt geworden wäre[29], noch jener [als] Athener. — 15. Wenn Jemand Einen im Wettkampf oder in den öffentlichen Kampfspielen unfreiwillig, sei es sofort oder hernach[30] in Folge[31] der Wunden getödtet hat, so soll er [von Schuld] rein sein. — 16. Die Achäer zerstörten Troja, nachdem[2] sie zehn Jahre[32] [lang] da gewesen[33] waren.

Gemischte Aufgaben über den ersten Aoristus Activi und Medii.

1. Wenn[2] du deine[3] Meinung[34] darlegtest[20], würde[35] ich [sie] gern hören. — 2. Den tapfersten und verständigsten[36] Mann dürfte[35] ein Leiden von Aussen[13] am wenigsten verwirren und verändern. — 3. Einige besingen die Geschlechter, als ob Einer[10] edel [sei], der[2] sieben reiche Ahnen aufzuweisen[16] hat. Der Weise aber hält[37]

[das] für ein Lob von Kurzsichtigen³⁸, von solchen, die³⁹ aus⁴⁰ Mangel an Bildung nicht auf⁶ das Ganze immer blicken und nicht erwägen³⁹, dass²³ Jeder ungezählte Myriaden von Ahnen und Vorfahren hat⁴¹, unter⁴² welchen Reiche und Bettler und Könige und Sclaven, Barbaren und Griechen jedem viele Tausende⁴³ sind. — 4. Alle sagen, dass die Besonnenheit zwar schön, aber schwer sei sich zu erwerben¹⁶.

5. Nachdem² Kyros die Perser, seine⁴⁴ Landsleute, frei gemacht hatte⁴⁵, unterwarf er sich¹⁹ ihre³ Herren, die Meder, und herrschte über das übrige Asien bis Aegypten. — 6. Derjenige, welcher⁵ richtig antworten¹⁶ will, muss⁴⁶ die Absicht⁴⁷ des Fragenden¹³ genau erfassen¹⁶ ⁴⁸. — 7. Ein Vater dürfte³⁵ bei Vielem⁴⁹, wovon ein Sohn wünscht, dass es ihm [zu Theil] werde⁵⁰, nicht wünschen, dass es nach den Bitten des Sohnes¹³ geschehe. — 8. Als² Argos aufgefordert wurde²⁰, die Perser abzuwehren, leistete es nicht⁵¹ Folge⁵² und wehrte [dieselben] nicht⁵¹ ab. — 9. Jeder dürfte³⁵ vorziehen⁵³ gesund zu sein, als das Geld des grossen Königs¹³ besitzend⁵⁴ krank zu sein.

¹) §. 8. II. — ²) §. 29. I. — ³) §. 22. I. — ⁴) Dativ. — ⁵) §. 6. I. — ⁶) εἰς c. acc. — ⁷) verschieb es (Aor. §. 39. II.) ein Richter (κριτής) über das Grösste (§. 4. I.) zu werden. — ⁸) Genitiv. — ⁹) S. inne haben. — ¹⁰) Pron. indefin. — ¹¹) alt, πρέσβυς. — ¹²) vieles (§. 17. II.) andere Unheilige (§. 4. I.). — ¹³) §. 2. II. — ¹⁴) Medium. — ¹⁵) §. 21. III. — ¹⁶) Inf. Aor. §. 39. II. — ¹⁷) ἐάν. §. 28. I. — ¹⁸) S. ungern. — ¹⁹) §. 31. I. — ²⁰) Part. Präs. — ²¹) der Macht vertrauend. — ²²) ἐπί c. acc. — ²³) ὅτι. — ²⁴) διά c. acc. — ²⁵) §. 21. IV. — ²⁶) S. Stadt. — ²⁷) Optativ. — ²⁸) Seriphier seiend. — ²⁹) ἐγένετο ἄν. — ³⁰) in späteren Zeiten. — ³¹) ἐκ c. gen. — ³²) Accusativ. — ³³) S. warten. — ³⁴) S. Vorstellung. — ³⁵) §. 28. II. Opt. Aor. §. 39. II. — ³⁶) S. einsichtsvoll. — ³⁷) §. 32. I. — ³⁸) von Sehenden über Kleines bin (ἐπί c. acc.). — ³⁹) von Blickenden und nicht Erwägenden. — ⁴⁰) ὑπό c. gen. — ⁴¹) Jedem nicht. — ⁴²) ἐν c. dat. — ⁴³) vielmal Zehntausende. — ⁴⁴) §. 22. II. — ⁴⁵) Aorist. — ⁴⁶) §. 6. III. — ⁴⁷) S. Denkart. — ⁴⁸) S. abwarten. — ⁴⁹) Ein Vater dürfte nicht wünschen (ἀπεύχεσθαι), dass (Acc. c. Inf.) Vieles (§. 4. I.), was — zu Theil werde, nach (κατά c. acc.) den Wünschen d. S. geschehe. — ⁵⁰) quae filius optat sibi (§. 21. IV.) contingere. — ⁵¹) οὔτε — οὔτε. — ⁵²) S. auf etwas hören. — ⁵³) προτιμᾶν. — ⁵⁴) habend.

## §. 44. Das erste Perfectum und Plusquamperfectum Activi.

I. Das griechische **Perfectum** entspricht nur dem lateinischen **Perfectum präsens**. Es bezeichnet also, dass eine Handlung in der Gegenwart vollendet ist, oft auch, dass sie in ihren Folgen noch fortdauert. Εὕρηκα, ich habe es gefunden, ich hab's.

1. Die Lobredner des¹ Homer² sagen, dass³ dieser⁴ Dichter ganz Griechenland erzogen hat. — 2. Ehre folgt Jedem, wenn⁵ er

zu Stande bringt, worauf er es abgesehen hat; denn sowohl der Tapfere wird geehrt, als auch der Reiche und der Weise. — 3. Die[6] besten Richter sind die, welche[7] mit verschiedenartigen[8] Menschen Umgang gehabt[9] haben. — 4. Die Achäer haben die Troer besiegt, sie[10] aber besiegten die Dorier. — 5. Die Leichenreden loben die, welche[7] gestorben sind, und reden den Lebenden freundlich zu und ermuntern die Nachkommen, der Tugend der Gestorbenen[11] nachzustreben[12] und trösten die Väter und Mütter. — 6. Jeder Einzelne muss[13] das Eine treiben, wozu[14] seine[15] Natur am geschicktesten ist[16].

7. In[17] wichtigen[18] [Dingen] sogleich Glauben zu schenken[19] ist die Sache[20] von jungen und unverständigen [Leuten]. — 8. Gegen[21] den Staat und seine[22] Mitbürger der[6] beste dürfte[23] derjenige sein, welcher[24] es vorziehen[25] möchte[23], statt durch[26] den Wettkampf in Olympia[2] und statt aller Wettkämpfe im Krieg und Frieden[27] durch[28] den Ruhm des Gehorsams[29] gegen[30] die einheimischen Gesetze[31] den Preis davon zu tragen[32], als ob er von[30] allen Menschen am schönsten in seinem[22] Leben ihnen Folge geleistet habe[11]. — 9. Von[30] den Dichtern haben die einen[33] eine Richtung[34] auf[35] den Ernst, die andern auf den Scherz[36]. — 10. Viele Sclaven haben schon ihre[22] Herren und deren Besitzungen und Wohnungen gerettet.

11. Der Streit[37] über das Gerechte und Ungerechte[2] hat schon oft Kampf[38] und Tod[38] verursacht[39]. — 12. Der Zorn, ein schwer zu bekämpfendes, angeborenes[40] Besitzthum, zerstört[41] Vieles[42] mit[28] unüberlegter Gewalt. — 13. Die Vokale haben sich vorzüglich vor[43] den übrigen Buchstaben wie ein Band durch alle Wörter verbreitet, so dass es ohne einen[44] von ihnen unmöglich ist, dass[45] von den übrigen Buchstaben sich der eine[46] an[28] den anderen[46] anschliesse. — 14. Die Vormünder des Theätetos sollen[47] sein[22] Vermögen heruntergebracht haben. — 15. Die Natur hat keins von unseren Gliedern[48] so sorgfältig[49] verwahrt, wie die Zunge, indem[50] sie vor dieselbe die Zähne [als] Wache[51] stellte[52].

¹) §. 9. I. — ²) §. 2. II. — ³) §. 6. II. — ⁴) §. 24. I. — ⁵) ἐάν. §. 28. I. — ⁶) §. 2. III. — ⁷) §. 8. I. — ⁸) S. mannichfach. — ⁹) S. umgehen. — ¹⁰) §. 21. III. Accusativ. — ¹¹) Part. Perf. Act. — ¹²) S. nachahmen. — ¹³) §. 5. III. — ¹⁴) zu (εἰς c. acc.) welchem. — ¹⁵) §. 22. II. — ¹⁶) Perf. Act. von φύειν. — ¹⁷) περί c. gen. — ¹⁸) S. gross. — ¹⁹) Perf. — ²⁰) §. 3. I. — ²¹) εἰς c. acc. — ²²) §. 22. I. — ²³) §. 28. II. — ²⁴) §. 24. III. — ²⁵) Aor. von δέχεσθαι. §. 39. II. — ²⁶) statt des Wettkampfes. — ²⁷) kriegerischen und friedlichen Wettk. — ²⁸) Dativ. — ²⁹) ὑπηρεσία. — ³⁰) Genitiv. — ³¹) die Gesetze daheim. §. 2. II. — ³²) S. siegen. — ³³) §. 5. II. — ³⁴) Perf. Act. von ὁρμᾶν. — ³⁵) ἐπί c. acc. — ³⁶) S. Lachen. — ³⁷) S. Zwist. — ³⁸) Plural. — ³⁹) S. machen. — ⁴⁰) Part. Perf. A. von ἐμφύειν. — ⁴¹) S. umstürzen. — ⁴²) §. 4. I. — ⁴³) διαφερόντως c. gen. — ⁴⁴) Pron. indef. — ⁴⁵) Acc. c. Inf. — ⁴⁶) ἕτερος — ἕτερος. — ⁴⁷) tutores dicuntur dissipasse. — ⁴⁸) von (gen.) dem (n. pl.) bei uns (§. 6. I.). — ⁴⁹) S. wohlnmzäunt. — ⁵⁰) §. 29. I. — ⁵¹) S. Wachposten. — ⁵²) S. werfen.

§. 45. **Das zweite Perfectum und Plusquamperfectum Activi.**

1. Wache[1] Beamte im Staate sind schrecklich[2] den Feinden und zugleich den schlechten Bürgern, bewundert[2] und geehrt von[3] den Gerechten und Besonnenen, förderlich[2] dem ganzen Staate. — 2. Hast du[4] von[5] des Nestor und des Odysseus **Anweisungen zur Redekunst**[6] gehört, welche sie vor[7] Ilion **müssiger Weile**[8] verfassten[9]? — 3. Die Athener haben die übrigen Griechen im[10] Denken[11] und Reden[12] so sehr überboten, dass[13] ihre[14] Schüler die[15] Lehrer der übrigen **geworden sind**[16]. — 4. Die Menschen befinden sich[17] in **Folge**[15] ihres Thuns[11] wohl oder übel. — 5. Das Vieh[19] bringt sein Leben hin, immer nieder blickend und zur[20] Erde gebückt[21]. 6. Wenn[22] du Gutes[23] vollbracht hast, bist du des Lobes würdig. — 7. Die Eltern müssen[24], nachdem[25] sie die Freuden und Bekümmernisse und Begierden ihrer Kinder beobachtet haben, dieselben[26] richtig loben oder tadeln. — 8. Prodikos hat eine Lobrede auf[27] Herakles verfasst. — 9. Wem gehört dieses Kind an[28]? Ich habe den Namen gehört, erinnere mich aber nicht. — 10. Die Gesetze der Kreter haben gemeinsame Mahlzeiten und Leibesübungen vorgeschrieben. — 11. Das Schlafen[11] ist dem Wachen[29] entgegengesetzt. — 12. Der Boden ist schwarz, wenn der Schnee geschmolzen ist.

[1]) Part. Perf. II. von ἐγείρειν. — [2]) §. 8. II. — [3]) Dativ. — [4]) §. 31. II. — [5]) Accusativ. — [6]) Kunst (Plur.) über die Reden. — [7]) ἐν c. dat. — [8]) müssig seiend. — [9]) Aor. Med. — [10]) περί c. acc. — [11]) §. 5. I. — [12]) S. Sprechen. — [13]) S. so dass. — [14]) §. 22. II. — [15]) §. 2. III. — [16]) γεγονασι(ν). — [17]) Perf. II. von πράσσειν. — [18]) ἐκ c. gen. — [19]) Plural. — [20]) εἰς c. acc. — [21]) Part. Perf. — [22]) ἐάν. §. 28. I. — [23]) §. 4. I. — [24]) §. 5. III. — [25]) §. 29. I. — [26]) §. 21. III. — [27]) Genitiv. — [28]) Wessen ist dieses Kind? — [29]) Infin. Perf. II. von ἐγείρειν.

§. 46. **Das Perfectum und Plusquamperfectum Medii und Passivi.**

1. Diejenigen, welche[1] sich mit der Mathematik **beschäftigt haben**[2], begreifen jeden Unterricht[3] besser[4]. — 2. Hast du[5] noch nicht bemerkt, **was für einen durchdringenden Blick die Bösewichter haben**[6] und wie scharf sie das[7] ins Auge fassen, was[7] sie vorhaben[8]? — 3. Wie wird ein Staat im Stande sein Krieg zu führen, wenn[9] er Geld nicht[10] besitzt? — 4. In[11] den wichtigsten[12] [Dingen] sich getäuscht zu haben und unwissend zu sein dürften[13] Alle am wenigsten wollen[14]. — 5. Wie viele Verbrechen durch[15] ihre Grösse oder Kühnheit hervorragend[16] sind, **die gehen oft nicht von gewöhnlichen Menschen aus**[17], sondern von

einer trefflichen Seele, die durch [18] eine schlechte Erziehung verdorben ist.

6. Ein buntes Kleid, mit [15] allen Blumen verziert, dürften [13] die Kinder für das [19] schönste erklären [20]. — 7. Ein Heilmittel gegen [21] die Furcht haben die Menschen noch nicht ausgesonnen. — 8. Die [22] Wahrheit [21] verfehlt zu haben ist ein Uebel, das Wahre [13] aber [22] zu glauben [24] ein Gut. — 9. In Aegypten ist das, was [13] vor zehntausend Jahren [25] gemalt und gestaltet worden ist, weder schöner noch hässlicher, als dasjenige, was [13] jetzt dort verfertigt wird. — 10. Oft entzweien sich die Menschen über irgend eine Handlung und die Einen [26] sagen, sie sei [27] mit Recht, die Andern [26], sie sei [27] mit Unrecht gethan worden. — 11. Jedem ist im Staate ein Geschäft [28] auferlegt, was zu verrichten nothwendig ist.

12. Die Kreter haben die Verfassung eines Lagers, aber nicht [die Verfassung] von Menschen, die in Städten wohnen [29]. — 13. Wie soll ich dich überzeugen [30]? Wenn du durch [15] das, was [7] ich jetzt eben sagte, nicht [10] überzeugt bist, was soll ich noch thun [30]? — 14. Diejenigen, welche [1] schön erzogen sind, dürften [13] die grösste Rücksichtnahme haben [31]; sie dürften [13] nämlich mild sein gegen [15] die, welche [1] von ihnen behütet werden. — 15. Die Besonnenheit muss [32] durch den ganzen Staat verbreitet sein. — 16. Der gemeinsame Beschluss des Staates heisst [33] Gesetz. — 17. Wo [34] du Bettler siehst, da [35] sind auch Diebe und Beutelschneider und Tempelräuber und Vollbringer von allem derartigen Schlechten [36] verborgen.

### Gemischte Aufgaben über das Perfectum und Plusquamperfectum.

1. Ist es möglich [37], dass [39] jener Staat besteht [39] und nicht [10] umgestürzt ist, in welchem [40] die Rechtssprüche [41] nichts [42] gelten, sondern von Privatleuten ungültig [gemacht] werden? — 2. Die Skythen tranken aus vergoldeten [43] Schädeln. — 3. Die [22] Freuden überwiegen die Schmerzen in gesunden Tagen [44], die Schmerzen aber [22] überwiegen die Freuden in Krankheiten. Wir haben aber das [7] Leben für das [45] angenehmste erfunden [46], in welchem [7] die Schmerzen nicht überwiegen, sondern überwogen werden. — 4. Keines von den Uebeln dürfte [13] Jemand gern [47] besitzen. — 5. Homer hat den [49] Odysseus, den beredtesten der Griechen, zugleich [als den] schweigsamsten dargestellt [49].

6. Der Neid ist ein böser Hausgenosse gerade für den, der ihn besitzt [50]. — 7. Der argwöhnische Richter, der [51] selbst viel [52] Unrecht gethan hat und schlau und klug zu sein glaubt, erscheint, wenn [53] er mit Gleichen umgeht, erfahren, indem [51] er bedächtig handelt, wenn [53] er aber mit guten Männern umgeht [54], erscheint er dagegen einfältig, indem [51] er zur Unzeit [55] misstraut. — 8. Die

Frömmigkeit[56] ist den Göttern wohlgefällig[57]. — 9. Die feigen und ungerechten Menschen haben schon viele Morde vollbracht[58], wenn[53] sie thun oder gethan haben, was[52] Niemand mitwissen soll[59]; die Anzeiger dieser [Thaten] beseitigen sie durch[15] Tödtung[60].

¹) §. 8. I. — ²) S. sich an etwas machen. — ³) Plural. — ⁴) §. 1. IV. — ⁵) §. 31. II. — ⁶) wie die Bösew. durchdringend blicken. — ⁷) §. 24. III. — ⁸) auf (ἐπί c. acc.) was sie gewendet sind. — ⁹) ἐπειδάν. §. 28. I. — ¹⁰) μή. — ¹¹) περί c. acc. — ¹²) S. gross. — ¹³) §. 28. II. — ¹⁴) Aor. (§. 39. II.) von δέχεσθαι. — ¹⁵) Dativ. — ¹⁶) Part. Perf. A. von ὑπεραίρειν. — ¹⁷) diese sind nicht [Verbrechen] beliebiger Menschen. — ¹⁸) ὑπό c. gen. — ¹⁹) §. 2. III. — ²⁰) §. 32. I. — ²¹) Genitiv. — ²²) §. 8. II. — ²³) das Seiende. §. 4. I. — ²⁴) S. vermuthen. — ²⁵) [das] zehntausendste Jahr (Accus.). — ²⁶) §. 5. II. — ²⁷) §. 6. II. — ²⁸) S. Werk. — ²⁹) von in Städten Wohnenden (Part. Perf. von κατοικεῖσθαι). — ³⁰) Conj. Aor. §. 39. II. — ³¹) dürften mit (Accus.) der grössten Behutsamkeit ausgerüstet sein. — ³²) §. 5. III. — ³³) ist benannt. §. 10. I. — ³⁴) οὗ ἄν. §. 28. I. — ³⁵) an (dat.) diesem Orte. — ³⁶) §. 4. I. — ³⁷) §. 31. II. §. 26. III. — ³⁸) Acc. c. Inf. — ³⁹) S. sein. — ⁴⁰) Setze ἄν zum Relativ. §. 28. I. — ⁴¹) S. Recht. — ⁴²) μηδέν. — ⁴³) Part. Perf. — ⁴⁴) in Gesundheit. — ⁴⁵) §. 2. III. — ⁴⁶) κρίνειν. §. 32. I. — ⁴⁷) S. freiwillig. — ⁴⁸) §. 9. I. — ⁴⁹) ποιεῖν. — ⁵⁰) für (Dat.) den ihn Besitzenden selbst. — ⁵¹) §. 29. I. — ⁵²) Neutr. Pl. §. 4. I. — ⁵³) ὅταν. §. 28. I. — ⁵⁴) S. sich nähern. — ⁵⁵) gegen (παρά c. acc.) [die] rechte Zeit. — ⁵⁶) Das Fromme. — ⁵⁷) Part. Perf. von χαρίζεσθαι. — ⁵⁸) ἐξεργάζεσθαι. — ⁵⁹) was sie wollen, dass (Acc. c. Inf.) Niemand mitwisse (συνειδέναι). — ⁶⁰) S. Tod (Plur.).

§. 47. Der zweite Aoristus und das zweite Futurum im Passivum.

1. Wenn[1] Einer richtig erzogen[2] ist[3], ist er anständig, wenn aber nicht[4], das Gegentheil. — 2. Giebt es etwas[5] von dem vielen Schönen[6], was nicht zuweilen hässlich, von dem Gerechten[6], was nicht ungerecht, von dem Heiligen[6], was nicht unheilig erscheinen wird? — 3. Ein ausgezeichneter Steuermann oder Arzt unterscheidet das Mögliche in seiner[7] Kunst und das Unmögliche und das eine[8] unternimmt er, das andere[8] lässt er, ausserdem aber ist er, wenn[1] er etwa geirrt hat, fähig [es] wieder gut zu machen[9]. — 4. Hylas, der Sohn[10] des Theiodamas, wurde, als[11] er weggeschickt war Wasser zu holen[12], wegen seiner[7] Schönheit von[13] den Nymphen geraubt. — 5. Als[11] Herakles mit[14] der Hera versöhnt war, heirathete er ihre[15] Tochter Hebe.

6. Kadmos tödtete einen Drachen und säete die Zähne desselben; nachdem[11] diese aber gesät waren, erhoben sich gewaffnete Männer aus der Erde. — 7. Bei welchen[16] Gesetzen wir aufgezogen sind, die[17] ehren wir und fürchten uns etwas an[18] denselben zu ändern[19]. — 8. Wer[16] [als] der[20] schlechteste erscheint, der[17] wird auch [als] der[20] unglücklichste erscheinen. — 9. Die Prophetin in Delphi[21] und die Priesterinnen in Dodona[21] haben im Wahnsinn[22] Griechenland[23] viel[24] Schönes[6] widerfahren lassen[25], in be-

sonnenem Zustande[26] aber Unbedeutendes[6] oder Nichts. — 10. Odysseus wurde auf[27] dem Parnass verwundet und stellte sich bei[27] der Sammlung des Heeres wahnsinnig[28]. — 11. Die ehernen Kessel, wenn man auf sie schlägt[29], tönen[30] lange[31]. — 12. Wenn[32] die Kinder aus der Schule[33] entfernt sind, zwingt der Staat [sie] die Gesetze zu lernen und denselben gemäss zu leben, damit sie nicht[34] planlos handeln. — 13. Phineus, durch[35] die Argonauten von den Harpyen befreit, zeigte denselben die Fahrt an. — 14. Platon sagt: Für[14] den Dieb, sei es dass[36] er etwas Grosses oder[36] etwas Kleines stiehlt, soll eine Strafe sein: er soll das Gestohlene doppelt[37] zurückerstatten. — 15. Der richtig Erzogene[2] lobt das Schöne[6] und [es] in seine[7] Seele aufnehmend, dürfte[38] er schön und gut werden, das Hässliche aber dürfte er tadeln und hassen. — 16. Die Söhne des Asklepios zeigten sich[39] in Troja tüchtig[40] zum[41] Kriege.

[1] *ἐάν*. §. 28. I. — [2] S. gross ziehen. — [3] Aor. §. 39. II. — [4] *μή*. — [5] Ist (= existiert) etwas u. s. w. §. 31. II. — [6] §. 4. I. — [7] §. 22. I. — [8] §. 5. II. — [9] Medium. — [10] §. 13. I. — [11] §. 29. I. — [12] Inf. Aor. Med. §. 39. II. — [13] §. 9. II. — [14] Dativ. — [15] §. 22. II. — [16] Setze *ἄν* zum Relativ. §. 28. I. — [17] §. 24. III. — [18] Genitiv. — [19] S. bewegen. — [20] §. 2. III. — [21] §. 2. II. — [22] rasend. Part. Aor. Pass. von *μαίνεσθαι*. — [23] Accusativ. — [24] §. 17. II. — [25] Aor. von *ἐργάζεσθαι*. — [26] besonnen seieud. — [27] *ἐν* c. dat. — [28] gab vor zu rasen (Inf. Aor. II. Pass. §. 39. II.). — [29] wenn (§. 29. I.) sie geschlagen wurden. — [30] §. 4. II. — [31] §. 1. IV. — [32] *ἐπειδάν*. §. 28. I. — [33] aus [dem Hause] der Lehrer. §. 6. III. — [34] §. 29. II. — [35] *ὑπό* c. gen. — [36] *ἐάν τε — ἐάν τε*. §. 28. I. — [37] S. zweimal so viel. — [38] §. 28. II. — [39] erschienen. — [40] S. gut. — [41] *πρός* c. acc.

## §. 48. Der erste Aoristus und das erste Futurum im Passivum.

1. Persephone wurde gezwungen in[1] jedem Jahre den dritten Theil bei[2] Pluton zu bleiben, die übrige Zeit aber bei[2] den Göttern. — 2. Diejenigen, welche[3] das Schreckliche[4] und das Angenehme[4] aufs deutlichste erkennen und desshalb vor[5] den Gefahren nicht[6] zurückweichen, dürften[7] mit Recht für die besten gehalten[8] werden. — 3. Da allem, was entsteht[9], der Untergang droht[10], so wird auch eine Verfassung nicht[11] für alle Zeit[12] bestehen, sondern aufgelöst werden. — 4. Man muss[13] für die Jungen zuerst Sorge tragen[14], dass[15] sie so gut als möglich[16] werden[17], wie es natürlich ist, dass[18] ein Landmann zuerst für die jungen Pflanzen Sorge trägt[14], hernach aber auch für die übrigen.

5. Asklepios wurde durch[19] Gold gewonnen[20], einen reichen Mann, der[21] schon dem Tode nahe war, zu heilen[22], weshalb er auch mit dem Blitze erschlagen wurde. — 6. Entweder durch Diebstahl oder Betrug oder Gewalt[23] werden wir unserer[24]

Güter beraubt. — 7. Womit²⁵ muss¹³ das³ beurtheilt werden, was³ schön beurtheilt werden²⁶ soll²⁷? Nicht²⁹ durch Erfahrung und Einsicht und Vernunft? Oder könnte⁷ man ein besseres Prüfungsmittel haben, als diese? — 8. Wird²⁸ derjenige, welcher³ unnützes arbeitet, nicht gezwungen werden, zuletzt²⁹ sich und seine Beschäftigung zu hassen? — 9. Orpheus ist in Pierien begraben, nachdem³⁰ er von den Mänaden zerrissen war.
10. Diejenigen, welche³ wohl erzogen wurden, dürften⁷ gute Männer werden und Alles schön ausführen³¹. — 11. Durch³² die Seeschlachten bei³³ Salamis und Artemision³⁴ wurde Griechenland gerettet. — 12. Wenn³⁰ die Bürger gewöhnt werden in Kleinigkeiten³⁵ ungesetzlich zu handeln, so werden die Gesetze aufgelöst³⁶. — 13. Iphigenie wurde geopfert und verschwand³⁷ auf eine den Opfernden³⁸ unsichtbare Weise und wurde in ein anderes Land versetzt, in welchem es Gesetz war, die Fremden einer Göttin zu opfern. — 14. Wir bringen, indem³⁰ wir mit Uebermuth züchtigen, Zorn in³² den Gezüchtigten³⁹ hervor³⁹, indem³⁰ wir aber die Ungerechten unbestraft lassen, Ueppigkeit.

¹) κατά c. acc. — ²) μετά c. gen. — ³) §. 8. I. —⁴) §. 4. I. — ⁵) ἐκ c. gen. — ⁶) μή. — ⁷) §. 28. II. — ⁸) Aor. Pass. §. 39. II. §. 32. I. — ⁹) allem Entstehenden. — ¹⁰) S. sein. — ¹¹) Ein Wort! — ¹²) die ganze Zeit. Accus. — ¹³) §. 5. III. — ¹⁴) Aor. Pass. §. 39. II. — ¹⁵) ὅπως. — ¹⁶) §. 18. III. — ¹⁷) Fut. von εἶναι. — ¹⁶) Acc. c. Inf. — ¹⁸) ὑπό c. gen. — ²⁰) S. überreden. — ²¹) §. 29. I. Part. Präs. — ²²) Aor. Med. §. 29. II. — ²³) bestohlen oder betrogen oder bewältigt. — ²⁴) §. 22. I. — ²⁵) Mit (dat.) was. — ²⁶) Futur. Pass. — ²⁷) S. gedenken. — ²⁸) §. 31. II. — ²⁹) τελευτῶν. — ³⁰) §. 29. I. — ³¹) S. thun. — ³²) Dativ. — ³³) περί c. acc. — ³⁴) §. 2. II. — ³⁵) im Kleinen. §. 4. I. — ³⁶) S. verderben. — ³⁷) wurde unsichtbar gemacht. — ³⁸) Part. Aor. — ³⁹) S. verursachen.

## §. 49. Die Verbaladjectiva.

I. Das Adjectivum verbale auf τός ist entweder gleich dem Participium Perfecti Passivi oder drückt, wie unsere Adjectiva auf bar, eine Möglichkeit aus. Ποιητός = πεποιημένος, gemacht. Ὁρατός, sichtbar.

II. Das Adjectivum verbale auf τέος, das gleich den lateinischen Participien auf *ndus* eine Nothwendigkeit bezeichnet, steht entweder persönlich und wird zu einem Subjecte construiert oder unpersönlich im Neutrum und hat den Casus des Verbs nach sich. Die Person steht dabei im Dativ. Du musst den Vater ehren, ὁ πατήρ σοι τιμητέος ἐστίν, *pater tibi venerandus est*. Um der Güter willen müssen wir Alles thun, ἕνεκα ἀγαθῶν ἅπαντα ἡμῖν πρακτέον ἐστίν.

1. Man muss nicht das Gute um des Angenehmen willen thun, sondern das Angenehme um des Guten willen. — 2. Von¹ den Erzählungen muss man diejenigen, welche² die Erzähler gut erdichtet

haben, zulassen, welche sie aber schlecht erdichtet haben, verwerfen. — 3. Man muss das³ nicht wünschen und ersehnen, dass⁴ Alles nach dem eigenen Willen gehe⁵. — 4. Die Gerechtigkeit scheint den Meisten⁶ etwas Mühevolles zu sein, das man des Lohnes⁷ und des Ansehns⁷ halber thun⁸ müsse, das man aber an⁹ sich¹⁰ fliehen müsse, als sei es beschwerlich¹¹. — 5. Man kann nicht leben¹², wenn¹³ die Natur des Körpers verdorben wird, sogar nicht¹⁴ mit allen Speisen¹⁵ und Getränken¹⁶ und allen Reichthümern.
6. Man muss mehr auf die Besten¹⁷ achten, als auf die Meinung¹⁸ der Menge⁶. — 7. Derjenige, welcher¹⁹ glücklich sein will, muss Besonnenheit²⁰ erstreben und üben²¹, Zügellosigkeit aber²⁰ fliehen und am meisten sorgen²², dass er der Züchtigung nicht bedarf²³. — 8. Man muss die Leibesübungen so²⁴ treiben, wie²⁴ es dem Arzte und Turnlehrer [gut] scheint. — 9. Wenn wir uns in eine Gefahr begeben müssen, werden wir uns [dann] nicht²⁵ in die²⁶ begeben, in welcher²⁶ die Siegenden glücklicher werden? — 10. Man muss versuchen, den Menschen Einsicht²⁰ beizubringen²⁷, die Unwissenheit aber²⁰ so sehr als möglich²⁸ auszutreiben. — 11. Kann man leben¹² mit einem elenden und verdorbenen²⁹ Körper? — 12. Der Mensch muss das Gerechte³⁰ thun.

13. Man muss es verhindern, dass⁴ die Bürger bestechlich und habsüchtig sind. — 14. Die Besten hinsichtlich³¹ ihrer³² Anlagen sind in den Wissenschaften zu unterrichten. — 15. Ein Vokal²⁰ ist das, was¹⁹ ohne Zusatz einen hörbaren Laut hat, zum Beispiel das A und das O, ein Halbvokal²⁰ das, was¹⁹ mit einem Zusatz einen hörbaren Laut hat, zum Beispiel das S und das R. — 16. Gefährliche³³ Reden dürfen in einem Staate nicht gehalten³⁴ werden. — 17. Man muss den schlechten Dichtern Einhalt thun³⁵, damit sie nicht³⁶ bei³⁷ den Jünglingen vielen Hang zur¹ Schlechtigkeit hervorbringen. — 18. Sage mir, was das ist, was²⁶ ich treiben muss.

### Gemischte Aufgaben über den Aoristus und das Futurum im Passiv und über die Verbaladjectiva.

1. Odysseus wurde an⁹ seiner³² Narbe von der Amme wiedererkannt. — 2. Wenn man die Reden¹ des Sokrates hört, so dürften³³ sie zuerst³⁹ durchaus lächerlich erscheinen³⁸. Denn er redet immer von Lasteseln⁴⁰ und Schmieden und Schuhmachern und Gerbern und scheint⁴¹ immer mit den nämlichen Worten⁴² das Nämliche³⁰ zu sagen, so dass jeder unerfahrene und unverständige Mensch seine Reden verlachen dürfte⁴³. — 3. Gold und Silber und das andere Geld dürfte⁴⁴ nur dem⁴⁵ nützlich sein⁴⁴, welcher²⁶ weiss⁴⁶, wie man es⁴⁷ gebrauchen muss. — 4. Allein

gelassen[48], werden wir wagen Vieles[30] zu äussern[49], dessen wir uns, wenn Einer uns hörte[50], schämen würden[51]. — 5. Der Schall[52], von[53] glatten[30] und festen[30][54] [Körpern] abprallend, **kehrt wieder dahin zurück**[55], woher er ausging[56]. — 6. Es geziemt sich[57] für[37] jeden jungen [Mann], wenn[13] er von einem Greise geschlagen worden ist, den Zorn desselben mit Gleichmuth zu ertragen. — 7. Glaubst du[25], dass[58] man sich niemals in eine Gefahr begeben dürfe? — 8. Wenn[59] die Guten ihren Eltern oder dem Vaterlande grollen[48], da[13] sie ungerecht behandelt sind, so müssen[60] sie sich trösten und **sich versöhnen**[61]. — 9. Athamas erschoss im **Wahnsinn**[62] seinen Sohn Learchos. — 10. Man muss sich schnell berathen, was man thun muss[60]. — 11. Die Athener wurden durch[37] ihre[63] [eigene] Uneinigkeit besiegt, nicht von Anderen.

¹) Genitiv. — ²) §. 24. III. Setze ἄν zum Relativ. §. 28. I. — ³) Pron. demonstr. §. 24. II. — ⁴) Acc. c. Inf. — ⁵) dem eigenen (ἑαυτοῦ §. 22. III.) folge. — ⁶) §. 17. I. — ⁷) Plural. — ⁸) S. treiben. — ⁹) διά c. acc. — ¹⁰) §. 21. IV. — ¹¹) wie lästig seiend. — ¹²) Adj. verb. auf τός. — ¹³) §. 29. I. — ¹⁴) auch nicht. — ¹⁵) S. Nahrungsmittel. — ¹⁶) S. Trank. — ¹⁷) Superl. von ἐπιεικής. — ¹⁸) S. Vorstellung. — ¹⁹) §. 8. I. — ²⁰) §. 8. II. — ²¹) S. ausüben. — ²²) S. rüsten. — ²³) Inf.: des Bestraftwerdens (§. 5. I.) nicht (μή) zu bedürfen. — ²⁴) Die betreffenden Formen sind vom Correlativpron. πῇ zu nehmen. §. 26. I. II. — ²⁵) §. 31. II. — ²⁶) §. 24. III. — ²⁷) S. verursachen. — ²⁸) §. 18. III. — ²⁹) Part. Perf. Pass. — ³⁰) §. 4. I. — ³¹) Accusativ. — ³²) §. 22. I. — ³³) S. lästig. — ³⁴) S. sagen. — ³⁵) Man muss die schl. D. aufhören machen. — ³⁶) §. 29. II. — ³⁷) Dativ. — ³⁸) §. 28. II. Aor. Pass. §. 39. II. — ³⁹) τὸ πρῶτον. — ⁴⁰) er nennt immer Lastesel u. s. w. — ⁴¹) S. erscheinen. — ⁴²) durch das Nämliche. §. 4. I. — ⁴³) §. 28. II. Aor. §. 39. II. — ⁴⁴) §. 28. II. §. 4. II. — ⁴⁵) demjenigen allein, ei soli. — ⁴⁶) ἐπίσταται. — ⁴⁷) §. 21. III. — ⁴⁸) Aor. Pass. — ⁴⁹) Aor. §. 39. II. — ⁵⁰) Optativ. — ⁵¹) §. 28. II. — ⁵²) S. Hauch. — ⁵³) ἀπό c. gen. — ⁵⁴) S. hart. — ⁵⁵) wird zurück gebracht. — ⁵⁶) Aor. Pass. von ὁρμᾶν. — ⁵⁷) ἔοικε. — ⁵⁸) Bloser Infin. — ⁵⁹) ἐάν. §. 28. I. — ⁶⁰) §. 5. III. — ⁶¹) §. 31. I. — ⁶²) Part. Aor. II. Pass. von μαίνεσθαι, rasen. —⁶³) §. 22. II.

### §. 50. Verba, deren Stammvokal in der Tempusbildung kurz bleibt.

1. Die Seele ist an¹ den Körper festgebunden und gezwungen durch ihn², wie durch ein Gefängnissgitter, alle Dinge zu betrachten. — 2. Als³ Skamandros von Achill bedrängt⁴ wurde, rief er den Simoeis herbei. — 3. Es wird erzählt, dass⁵ die Lakedämonier in der Schlacht bei Plataeä⁶, als⁷ sie den mit leichten Geflechtschilden Bewaffneten nahe waren, nicht standhaltend gegen sie kämpfen wollten⁸, sondern flohen⁸, dass⁵ sie sich aber, nachdem⁷ die Reihen der Perser aufgelöst waren, wie Reiter, **umwandten und**⁹ **kämpften**⁸ und so die Schlacht gewonnen¹⁰ haben. — 4. Man darf¹¹ den

Phönix, den Erzieher des Achill, nicht loben, als [12] habe er **mit Mässigung** [13] gesprochen [14], indem [3] er ihm rieth, ohne Geschenke vom Groll nicht abzulassen [15]. — 5. Simonides lobte und pries einen Tyrannen nicht freiwillig, sondern gezwungen. — 6. Die Karthager bedienten sich folgender [16] Münze: **in ein wenig Leder** [17] **ist etwas von der Grösse eines Stater** [18] eingebunden; was aber das Eingebundene ist, erfährt Niemand **ausser denen, die** [19] [das] machen; dann brauchen sie das [16], nachdem [3] es versiegelt ist, als Münze. — 7. Als [3] der König Aegimios von den Lapithen belagert wurde, **rief er sich den Herakles** [als] **Helfer herbei** [20]. — 8. Die Handwerker verlangen vom [21] Arzte oft eine Arzenei, [um] die Krankheit herauszubrechen [22], denn sie haben nicht Zeit [23] krank zu sein. — 9. Man muss [11] die nützlichen [24] Vergnügungen wählen, die schädlichen aber nicht. — 10. Mir wird ein sicheres und mässiges Leben genügen.

¹) *ἐν* c. dat. — ²) §. 21. III. — ³) §. 29. I. — ⁴) S. belagern. — ⁵) §. 6. II. — ⁶) §. 2. II. — ⁷) *ἐπειδή*. — ⁸) Inf. Präs. — ⁹) sich umwendend kämpften. — ¹⁰) S. siegen. — ¹¹) §. 49. II. — ¹²) *ὡς*. — ¹³) S. mässig. — ¹⁴) Imperfectum. — ¹⁵) sich zu entfernen (§. 31. I.) vom (gen.) Groll. — ¹⁶) §. 24. II. — ¹⁷) in einem kleinen Häutchen. — ¹⁸) wie gross die Grösse eines Stater [ist]. — ¹⁹) wenn nicht (*μή*) die, welche (§. 8. I.). — ²⁰) §. 31. I. — ²¹) *παρά* c. gen. — ²²) Inf. Aor. Act. §. 39. II. — ²³) es ist nicht Musse. — ²⁴) S. tüchtig. §. 8. II.

# Wörterverzeichniss.

# Vorbemerkungen für die Schüler.

Die Feminina auf α und η gehen nach der ersten Declination, die Neutra auf α (gen. ατος) nach der dritten.

Die Masculina und Feminina auf ος gehen nach der zweiten Declination, die Neutra auf ος (gen. εος) nach der dritten.

Die Neutra auf ον gehen nach der zweiten Declination.

Die Adjectiva dreier Endungen auf ος (Masc.) haben im Femininum α oder η, im Neutrum ον.

Die Adjectiva dreier Endungen auf υς (Masc.) haben im Femininum εια, im Neutrum υ.

Bei den Adjectiven zweier Endungen auf ος gilt ος für das Masculinum und Femininum, ον für das Neutrum.

Bei den Adjectiven zweier Endungen auf ης gilt ης für das Masculinum und Femininum, ες für das Neutrum.

# Wörterverzeichniss.

## A.

Abend, ἑσπέρα, f.
Aber, δέ (postpositiv), ἀλλά.
Abhalten, ἀπείργειν, von etw., gen.
Ablösen, λύειν.
Abprallen, ἄλλεσθαι.
Abschneiden, ἀποτέμνειν.
Abschrecken, ἀποτροπή, f.
Absehen, es worauf, ὁρμᾶν ἐπί τι.
Absicht, βούλησις, εως, f.
Abstand, διάστημα, n.
Abstossendes Wesen, βαρύτης, ητος, f.
Abwarten, ἀναμένειν.
Abwehren, ἀμύνειν.
Abwenden, ἀποτρέπειν.
Achten auf etwas, φροντίζειν τινός.
Achtundzwanzig, ὀκτὼ καὶ εἴκοσι.
Achtzehn, ὀκτωκαίδεκα.
Ackerbau, γεωργία, f.
Ackerbauer, γεωργός, m.
Adler, ἀετός, m.
Aehnlich, ὅμοιος, 3. Aehnlich machen, ὁμοιοῦν. Aehnlich sein, ὁμοιοῦσθαι.
Aendern, μεταβάλλειν.
Aeusseres, εἶδος, n.
Aeussern, φθέγγεσθαι.
Aeusserst, ἔσχατος, 3.
Affe, πίθηκος, m.
Ahne, πάππος, m.
Allein, μόνος. Allein lassen, μονοῦσθαι.
Aller, πᾶς (§. 17, III.), ἕκαστος, 3.
Allerlei, παντοῖος, 3.
Allzuhoch, ὑπέρμετρος, 2.
Als (quam), ἤ (§. 18. I.). Als ob, ὡς.
Also, οὖν (postpositiv).
Alt, γεραιός (senex), ἀρχαῖος (antiquus), παλαιός (vetus).
Alt werden, γηράσκειν.

Altar, βωμός, m.
Altersgenosse, ἧλιξ, ικος, m.
Ameise, μύρμηξ, ηκος, m.
Amme, τροφός, f.
Anblick, θέαμα, n.
Andenken, μνημεῖον, n.
Anderer, ἄλλος, η, ο.
Andrerseits, αὖ (postpositiv).
Anfang, ἀρχή, f. Anfang eines Gesanges, προοίμιον, n.
Anfangen, ἄρχεσθαι.
Anführung, ἡγεμονία, f.
Angefüllt, μεστός, 3., mit etw., gen.
Angelegenheit, πρᾶγμα, n.
Angemessen, προσήκων, ουσα, ον.
  πρέπων, ουσα, ον.
Angenehm, ἡδύς, 3.
Angesehen, σεμνός, 3. εὐδόκιμος, 2.
Anhören mit Unwillen, δυσχεραίνειν.
Anklagen, ἐγκαλεῖν, Jmd., τινί. γράφεσθαι.
Anlage, φύσις, εως, f.
Anmuthig, χαρίεις, εσσα, εν.
Annehmen, δέχεσθαι.
Anordnen, προστάσσειν.
Aureizen, ὁρμᾶν.
Anschlagen, συγκρούειν.
Anschliessen sich, ἁρμόσσειν.
Ansehen, προσβλέπειν.—subst.: δόξα, f.
Ansicht, γνώμη, f.
Anständig, εὐσχήμων, ον.
Anstatt, ἀντί c. gen.
Anstrengung, πόνος, m.
Anthun, ποιεῖν, Jemandem etwas, τινά τι.
Antlitz, πρόσωπον, n.
Antreiben, διακελεύεσθαι.
Antworten, ἀποκρίνεσθαι.
Auvertrauen, ἐπιτρέπειν.
Anzeichen, σημεῖον, n.
Anzeigen, μηνύειν.

Wohlrab, Aufgabensamml. 5

Anzeiger, μηνυτής, οὖ, m.
Anziehen, ἄγειν.
Apfel, μῆλον, n.
Arbeit, ἔργον, n. πόνος, m.
Arbeiten, πονεῖν.
Arbeiter, ἐργάτης, ου, m.
Arbeitsliebe, φιλοπονία, f.
Arbeitsliebend, φιλόπονος, 2.
Arbeitsscheu, ἄπονος. 2.
Argwöhnisch, καχύποπτος, 2.
Arm, πένης, ητος.
Armuth, πενία, f.
Art, εἶδος, n.
Artig, χαρίεις, εσσα, εν.
Arzenei, φάρμακον, n.
Arzeneikunst, ἰατρική, f.
Arzt, ἰατρός, m.
Astronomie, ἀστρονομία, f.
Athlet, ἀθλητής, οὖ, m.
Auch, καί. Auch nicht, οὐδέ.
Auf, ἐπί c. gen.
Auferlegen, προστάσσειν.
Auffordern, παρακαλεῖν.
Aufgang, ἀνατολή, f.
Aufhören, λήγειν. Aufhören machen, παύειν.
Auflösen, λύειν.
Aufnehmen, δέχεσθαι.
Aufrechtstehend, ὀρθός, 3.
Aufreihen, ἀναλίσκειν.
Aufrichtig, ἀληθινός, 3.
Aufruhr: in Aufruhr sein, στασιάζειν.
Aufstand, στάσις, εως, f.
Auftragen, ἐπιτάσσειν.
Aufwand, δαπάνη, f.
Aufweisen, ἀποφαίνειν.
Aufziehen bei etwas, ἐντρέφειν ἔν τινι.
Auge, ὀφθαλμός, m. ὄμμα, n.
Augenblick: für den Augenblick, ἐν τῷ παραχρῆμα.
Aus, ἐκ c. gen.
Ausbilden, τρέφειν, θεραπεύειν.
Ausführen, ἐξάγειν.
Ausgeburt, ἔκγονον, n.
Ausgezeichnet, ἄκρος, 3. διαφέρων, ουσα, ον. In ausgezeichneter Weise, διαφερόντως.
Aushäuten, ἐκδέρειν.
Ausrüsten, παρασκευάζειν.
Ausser, πλήν c. gen.
Ausserdem, ἔτι.
Ausserordentlich, διαφερόντως.
Aussinnen, μηχανᾶσθαι.
Ausspannen, ἐκτείνειν.
Aussprechen, λέγειν.

Austreiben, ἐξαιρεῖν.
Ansüben, ἀσκεῖν.
Auswählen, ἐκλέγειν.
Auswendiglernen, ἐκμανθάνειν.

B.

Bändigen, κολάζειν.
Bakche, βάκχη, f.
Bäuerisches Wesen, ἀγροικία, f.
Bald — Bald, ποτὲ μέν — ποτὲ δέ.
Ballast: ohne Ballast, ἀνερμάτιστος, 2.
Band, δεσμός, m.
Barbar, βάρβαρος, m.
Barbarisch, βαρβαρικός, 3.
Baukunst, οἰκοδομική, f.
Baum, δένδρον, n.
Baumeister, ἀρχιτέκτων, ονος. οἰκοδόμος, m.
Beamter, ἄρχων, οντος.
Bearbeiten, ἐργάζεσθαι.
Bedächtig handeln, ἐξευλαβεῖσθαι.
Bedauern, ἐλεεῖν.
Bedauernswerth, ἐλεεινός, 3.
Bedeuten, δηλοῦν.
Bedeutung, δύναμις, εως, f.
Bedienen sich, χρῆσθαι, einer Sache, dat.
Bedürfen, δεῖσθαι, einer Sache, gen.
Bedürfniss, χρεία, f.
Bedürftig, ἐνδεής, 2., einer Sache, gen.
Befehlen, κελεύειν.
Befinden sich, πράσσειν.
Befreien, ἀπαλλάσσειν, von etw., gen.
Befreundet, φίλος, 3.
Befriedigen, πληροῦν.
Begegnen, ἐντυγχάνειν.
Begeistern, κατέχειν.
Begeistert, ἐπίπνοος, 2.
Begierde, ἐπιθυμία, f.
Begleiter, συνοπαδός, m.
Begnügen sich, ἀγαπᾶν.
Begraben, θάπτειν.
Begreifen, ἀποδέχεσθαι.
Behaftet sein, ἐνέχεσθαι, συνέχεσθαι, mit etwas, dat.
Behandeln, θεραπεύειν.
Behandlung, θεραπεία, f.
Beherrschen, ἄρχειν, etw., gen.
Beherrschung, ἐγκράτεια, f.
Behüten, φυλάσσειν.
Behutsamkeit, εὐλάβεια, f.
Bei, παρά c. dat.
Bejammernswerth, ἐλεεινός, 3.

Beibringen, προσφέρειν.
Beide, ἀμφότεροι, αι, α.
Beispiel: zum Beispiel, οἷον.
Beistehen, ἀμύνειν.
Bekämpfen, προσμάχεσθαι, etwas, dat.
Bekannt, γνώριμος, 2.
Bekümmerniss, λύπη, f.
Belagern, πολιορκεῖν.
Beliebig, ἐπιτυχών, οὖσα, όν.
Bemerken, ἐννοεῖν.
Bemitleiden, οἰκτείρειν.
Bemühen sich um etwas, σπουδάζειν περί c. acc.
Bemühung, σπουδή, f.
Beneidenswerth, ἀζήλωτος.
Benennen, ἐπονομάζειν (§. 10. I.).
Beobachten, παραφυλάσσειν.
Berathen sich, βουλεύεσθαι.
Berauben, συλᾶν, στερίσκειν. Beraubt sein, στέρεσθαι.
Berauschen, μεθύσκειν.
Beredt, λόγιος, 3.
Bereit, ἕτοιμος, 3.
Bereiten, σκευάζειν.
Bereitwilligkeit, προθυμία, f.
Berühmt, ὀνομαστός, 3. Berühmt sein, εὐδοκιμεῖν.
Berühren, ἅπτεσθαι, etwas, gen.
Besänftigen, ἡμεροῦν.
Beschäftigen sich, ὁμιλεῖν, mit etwas, dat. διατρίβειν, mit etwas, ἐν c. dat.
Beschäftigung, ἐπιτήδευμα, n. πρᾶξις, εως, f.
Beschaffung, παρασκευή, f.
Beschimpfen, αἰσχύνειν.
Beschimpfung, ἀτιμία, f.
Beschluss, δόγμα, n.
Beschwerlich, ἀνιαρός, 3.
Beseitigen, ἀναιρεῖν.
Besiegen, νικᾶν. Besiegt werden, ἡττᾶσθαι.
Besingen, ὑμνεῖν.
Besitz, κτῆσις, εως, f.
Besitzen, perf. von κτᾶσθαι, sich erwerben.
Besitzthum, Besitzung, κτῆμα, n.
Besonnen, σώφρων, ον. σωφρόνως, adv. Besonnen sein, σωφρονεῖν.
Besonnenheit, σωφροσύνη, f.
Besorgt, κηδεμών, όνος, um etw., gen.
Bestattung, ταφή, f.
Bestechlich, δωροδόκος, 2.
Bestehen, μένειν.
Bestehlen, κλέπτειν.
Bestrafen, ζημιοῦν.

Betrachten, θεᾶσθαι, σκοπεῖσθαι.
Betreiben, ἐργάζεσθαι.
Betrüben, ἀνιᾶν. Betrüben sich, ἄχθεσθαι. Betrübt sein, λυπεῖσθαι.
Betrügen, γοητεύειν.
Betrug, κακουργία, f.
Bettler, πτωχός, m.
Beurtheilen, κρίνειν.
Beutelschneider, βαλαντιοτόμος, m.
Bevor, πρίν.
Bewachen, φυλάσσειν.
Bewachung, φυλακή, f.
Bewältigen, βιάζειν.
Bewegen, κινεῖν.
Bewirthen, ξενίζειν.
Bewundern, θαυμάζειν.
Bewundernswerth, θαυμάσιος, 3.
Bewundert, ἀγαστός, 3.
Bezeichnen, σημαίνειν.
Bezirk, νομός, m.
Bezwecken, διώκειν.
Biber, κάστωρ, ορος, m.
Biene, μέλισσα, f.
Bilden, πλάσσειν.
Bildsäule, ἀνδριάς, άντος, m.
Bildung, παίδευσις, εως, f. Freie Bildung, εὐπαιδευσία, f.
Bildwerk, πλάσμα, n.
Binden, δεσμεύειν.
Bis, μέχρι c. gen. Bis zu, εἰς c. acc.
Bitte, εὐχή, f.
Bitten, δεῖσθαι, Jemanden, gen.
Bitter, πικρός, 3.
Bleiben, ἐμμένειν, bei etwas, dat.
Blicken, βλέπειν.
Blind, τυφλός, 3. Blind sein, τυφλοῦσθαι.
Blitz: mit dem Blitz erschlagen, κεραυνοῦν.
Blüthe, ἀκμή, f.
Blume, ἄνθος, n.
Boden, χωρίον, n.
Bösartig, χαλεπός, 3.
Böse, χαλεπός, 3. Böse sein, χαλεπαίνειν.
Bösewicht, κακοῦργος, m.
Bogen, τόξον, n.
Breit, πλατύς, 3.
Bringen, φέρειν. Mit sich bringen, προσάγειν.
Bruder, ἀδελφός, m.
Buchstabe, γράμμα, n.
Bücken, κύπτειν.
Bürge, ἐγγυητή;, οῦ, m.
Bürger, πολίτης, ου, m.
Bundesgenosse, σύμμαχος, m.
Bunt, ποικίλος, 3.

# 68  Charakter — Eintreten

## C.

**Charakter,** τρόπος, m.
**Chor,** χορός, m.
**Cicade,** τέττιξ, ιγος, m.

## D.

**Da,** τότε (temporal), ἐκεί, ἐπειδή (causal), ἔνϑα (local). Da sein, ἥκειν.
**Dämon,** δαίμων, ονος, m.
**Dagegen,** αὖ (postpositiv).
**Daheim,** οἴκοι.
**Damit,** ἵνα (§. 29, II.).
**Dann,** τότε.
**Darauf,** ἔπειτα.
**Darlegen,** ἀποφαίνεσϑαι.
**Darreichen,** ἐκπορίζειν.
**Dass,** ὅτι.
**Davonlaufen,** ἀποδιδράσκειν.
**Dazubedürfen,** προσδεῖσϑαι, Jem., gen.
**Dein, Deinige,** σός, 3. (§. 22. II. III.)
**Demnach,** ἄρα (postpositiv).
**Demüthig machen,** ταπεινοῦν.
**Denkart,** διάνοια, f.
**Denken,** φρονεῖν. — subst.: νόησις, εως, f.
**Denkend,** λογιστικός, 3.
**Denn,** γάρ (postpositiv).
**Derartig,** τοιοῦτος, 3.
**Derjenige,** οὗτος (§. 24, III.).
**Derselbe,** αὐτός, ή, ό (§. 21. III.).
**Deshalb,** διὰ ταῦτα.
**Deutlich,** σαφῶς, adv.
**Dichter,** ποιητής, οῦ, m.
**Dichtkunst,** ποιητική, f.
**Dienen,** διακονεῖν.
**Diener,** ϑεραπευτής, οῦ, m.
**Dieb,** κλέπτης, ου. m.
**Dieser,** οὗτος (§. 24. I. II.).
**Ding,** χρῆμα, n. πρᾶγμα, n.
**Doch,** μέντοι.
**Doch wohl,** δήπου.
**Doppelt,** διπλῇ, adv.
**Dort,** ἐκεῖ.
**Dorthin,** ἐκεῖσε.
**Drache,** δράκων, οντος, m.
**Drei,** τρεῖς, τρία.
**Dreifach,** τριχῇ, adv.
**Dreimal,** τρίς.
**Dreimal so viel,** τριπλάσιος, 3.
**Dreiruderer,** τριήρης, εος, f.
**Dreissig,** τριάκοντα.
**Dritter,** τρίτος, 3.
**Du,** σύ (§. 21. I. II.).

**Dünn,** λεπτός, 3.
**Dürsten,** διψῆν.
**Durch,** διά c. gen.
**Durchaus,** πάνυ, παράπαν.
**Durchdringend,** δριμύ, adv.
**Durchgang,** πόρος, m.
**Durchirren,** περιπλανᾶσϑαι.
**Durchschneiden,** διατέμνειν.
**Durchsetzen,** διαπράττεσϑαι.
**Durst,** δίψα, f.

## E.

**Eben,** λεῖος, 3. δή, adv.
**Edel,** γενναῖος, 3.
**Ehern,** χάλκεος, 3. **Eherner Kessel,** χαλκεῖον, n.
**Ehrbar,** κόσμιος, 3.
**Ehrbegierde,** φιλοδοξία, f.
**Ehre,** τιμή, f.
**Ehren,** τιμᾶν. Nicht ehren, ἀτιμάζειν. Mehr ehren als, προτιμᾶν πρό τινος.
**Ehrengeschenk,** γέρας, αος, n.
**Ehrfurcht,** αἰδώς, όος, f.
**Ehrgeizig,** φιλότιμος, 2.
**Ehrlos,** ἄτιμος, 2.
**Ehrwürdig,** σεμνός, 3.
**Eifrig,** σπουδαῖος, 3.
**Eigen,** οἰκεῖος, 3.
**Eigenschaft,** δύναμις, εως, f.
**Eigenthum,** κτῆμα, n.
**Einander,** ἀλλήλων.
**Einbilden sich,** δοξάζειν.
**Einbinden,** ἀποδεῖν.
**Einer,** εἷς, μία, ἕν (Numerale). τίς (Pron. indefin.). Der Eine — der Andere, ὁ μέν—ὁ δέ (§. 5, II.).
**Einfach,** ἁπλόος, 3.
**Einfachheit,** ἁπλότης, ητος, f.
**Einfältig,** ἠλίϑιος, 3. ἀβέλτερος, 3.
**Einfallen,** εἰςβάλλειν.
**Einfalt,** ἠλιϑιότης, ητος, f.
**Einflössen,** ἐμβάλλειν.
**Einführen,** εἰςάγειν.
**Einige,** ἔνιοι, αι, α. τινές (Pron. indefin.).
**Einigkeit,** ὁμόνοια, f.
**Einkünfte,** λήψεις, εων, f.
**Einleuchtend,** φανερός, 3.
**Einmal,** ποτέ (enklit.).
**Einrichtung,** κατάστασις, εως, f.
**Einsetzen,** διαγορεύειν.
**Einsicht,** φρόνησις, εως, f.
**Einsichtsvoll,** φρόνιμος, 2.
**Eintreten,** ἐπιπίπτειν.

Einübung, ἄσκησις, εως, f.
Einzeln, s. jeder.
Eisen, σίδηρος, m.
Eisern, σιδήρεος, 3.
Elend, μοχθηρός, 3.
Eltern, γονεῖς, έων, m.
Empfindung, αἴσθησις, εως, f.
Ende, τελευτή, f. τέλος, n.
Entbehren, στέρεσθαι, etwas, gen.
Entblössen, κενοῦν.
Entfernen, ἀπαλλάσσειν.
Entflammen, ἐγείρειν.
Entgegengesetzt, ἐναντίος, 3.
Enthalten sich, ἀπέχεσθαι, einer Sache, gen.
Enthaltsam, ἐγκρατής, 2.
Entlassen, ἀποπέμπειν.
Entrinnen, ἐκφεύγειν, einer Sache, acc. — subst.: ἀνάφυξις, εως, f.
Entscheiden, διακρίνειν.
Entstehen, γίγνεσθαι.
Entstehung, γένεσις, εως, f.
Entweder—oder, ἤ—ἤ.
Entzweien sich, διαφέρεσθαι.
Ephor, ἔφορος, m.
Erde, γῆ, f.
Erdichten, ποιεῖν.
Erfahren, δεινός, 3. verb.: γιγνώσκειν.
Erfahrung, ἐμπειρία, f.
Erforschen, καταμανθάνειν.
Erfreut sein, ἀγάλλεσθαι.
Erfüllen, κραίνειν.
Erfüllt sein, γέμειν, von etw., gen.
Erfüllung: In Erfüllung gehen, ἐκβαίνειν.
Ergötzen, τέρπειν. Sich ergötzen, ἥδεσθαι, an etwas, dat.
Ergriffen sein, κατέχεσθαι.
Erhalten, λαμβάνειν.
Erheben sich, ἀνατέλλειν.
Erholung, ἀνάπαυλα, f.
Erinnern sich, μνημονεύειν.
Erkennen, γιγνώσκειν.
Erkenntlichkeit, χάρις, ιτος, f.
Erkenntniss, γνῶσις, εως, f.
Erklären, κρίνειν.
Erklärer, ἑρμηνεύς, έως, m.
Erlangen, τυγχάνειν, etw., gen.
Erlaubniss, ἐξουσία, f.
Erlaubt sein, ὑπάρχειν.
Ermahnen, νουθετεῖν.
Ermüden, ἀποκάμνειν.
Ermuntern, παρακελεύεσθαι, Jem., dat.
Ernährung, τροφή, f.
Ernst, σπουδή, f.
Ernst sein, σπουδάζειν.

Errathen, συμβάλλειν.
Erretten, ἐκσώζειν.
Errichten, ἱδρύεσθαι.
Erscheinen, φαίνεσθαι (pass.).
Erschiessen, τοξεύειν.
Ersehnen, ἐπείγειν.
Erster, πρῶτος, 3.
Erstreben, διώκειν.
Ertragen, φέρειν.
Erwägen, λογίζεσθαι.
Erwerben sich, κτᾶσθαι.
Erz, χαλκός, m.
Erzählen, λέγειν.
Erzähler, μυθοποιός, m.
Erzählung, μῦθος, m.
Erzeugen, τίκτειν.
Erziehen, παιδεύειν, θεραπεύειν.
Erzieher, παιδαγωγός, m.
Erziehung, παιδεία, f. τροφή f.
Essen, ἐσθίειν. — subst.: ἔδεσμα, n.
Etwa, πή.
Etwas, τί (enklitisch).
Euer, ὑμέτερος, 3. (§. 22. II. III.)
Exostrakisieren, ἐξοστρακίζειν.

F.

Fabel, μῦθος, m.
Fähig, ἱκανός, 3.
Fäulniss, σηπεδών, όνος, f.
Fahrt, πλόος, m.
Fahrzeug, πλοῖον, n.
Falsch, ψευδής, 2.
Fangen, συλλαμβάνειν.
Farbe, χροιά, f.
Fassen in's Auge, διορᾶν.
Feder, πτερόν, n.
Fehlen, ἁμαρτάνειν.
Fehler, ἁμάρτημα, n. Einen Fehler begehen, πλημμελεῖν.
Feiern, ἑορτάζειν.
Feig, δειλός, 3.
Feigheit, δειλία, f.
Feind, ἐχθρός, 3. (inimicus). πολέμιος, 3. (hostis).
Feindlich, χαλεπός, 3.
Feindschaft, ἔχθρα, f.
Feindselig behandeln, χαλεπαίνειν, Jemanden, dat.
Feld: zu Felde ziehen, στρατεύεσθαι.
Feldherr, στρατηγός, m.
Feldzug, στρατεία, f.
Fels, πέτρα, f.
Felsig, τραχύς, 3.
Ferne: aus der Ferne, πόῤῥωθεν.
Fernstehend, ὀθνεῖος, 3.
Fesseln, δεῖν.

Fest, βέβαιος, 3. Festbinden, διαδεῖν.
Feuer, πῦρ, πυρός, n.
Feuerschnaubend, πυρίπνοος, 2.
Finden, εὑρίσκειν.
Fisch, ἰχθύς, ύος, m.
Fischen, ἁλιεύειν.
Fischer, ἁλιεύς, έως, m.
Fleisch, σάρξ, σαρκός, f. κρέας, ατος, n.
Fliehen, φεύγειν.
Flötenspiel, αὐλητική, f.
Fluss, ποταμός, m.
Förderlich, ὠφέλιμος, 2.
Folge leisten, ὑπηρετεῖν.
Folgen, ἕπεσθαι.
Fortreissen, φέρειν.
Fortschleppen, ἄγειν.
Fragen, ἐρωτᾶν.
Frau, γυνή, γυναικός, f. Alte Frau, γραῦς, γραός, f.
Frei, ἐλεύθερος. 3. Freigeben, ἀπολύειν. Freimachen, ἐλευθεροῦν. Freisprechen, ἀπαλλάσσειν, von etwas, gen.
Freigebig, ἄφθονος, 2.
Freiheit. ἐλευθερία, f.
Freimüthigkeit. ἐλευθεριότης, ητος, f.
Freimuth. παρρησία, f.
Freiwillig, ἑκούσιος, 3. ἑκών, οὖσα, όν. ἑκουσίως, adv.
Fremd, ἀλλότριος, 3. ξένος, 3.
Freude, ἡδονή, f.
Freuen sich, χαίρειν.
Freund, φίλος. m. ἑταῖρος, m.
Freundlich, πρᾶος, εἶα, ον. εὐμενῶς, adv.
Freundschaft, φιλία, f.
Friede, εἰρήνη, f. Frieden halten, εἰρήνην ἄγειν.
Friedlich, εἰρηνικός, 3.
Frieren, ῥιγοῦν.
Fromm, ὅσιος, 3. εὐσεβής, 2.
Frucht, καρπός. m.
Früh, πρώϊος, 3.
Früher, πρότερος, 3. πρότερον, adv.
Fuchs, ἀλώπηξ, εκος, f.
Fügen sich, ὑπείκειν.
Führen, ἄγειν.
Führer, ἡγεμών, όνος, m.
Führung, ἀγωγή, f.
Fürchten sich, φοβεῖσθαι.
Furcht, δέος. n. φόβος, m. Ohne Furcht, ἀδεής, 2., vor etw., gen.
Furchtlosigkeit, ἀφοβία, f.
Fuss: ohne Fuss, ἄπους, οδος.
Fusstapfen, ἴχνος, n.
Futterkraut, βοτάνη, f.

G.

Gabe. δῶρον, n.
Gänzlich, παντάπασι(ν).
Ganz, ὅλος, 3. πᾶς (§. 17. III.). πάντως, adv. Ganz satt, s. satt.
Gastfreund, πρόξενος, m.
Gaukler, γόης. ητος, m.
Gebet, εὐχή, f.
Gebieten, δεσπόζειν.
Gebrauch, νόμιμον, n. In Gebrauch haben, νομίζειν, etwas, dat.
Gebrauchen, χρῆσθαι.
Geburtstag, γενέσια, n. pl.
Gedächtniss, μνήμη, f.
Gedeihen, τροφή, f.
Gedenken, μέλλειν.
Gedicht, ποίημα, n.
Geehrt, τίμιος, 3.
Geeignet, σύμμετρος, 2.
Gefährlich, σφαλερός, 3.
Gefälligkeit, προθυμία, f.
Gefängnissgitter, εἰργμός, m.
Gefahr, κίνδυνος, m. Sich in Gefahr begeben, κινδυνεύειν.
Gefahrliebend, φιλοκίνδυνος, 2.
Gefallen, ἀρέσκειν.
Geflechtschild: mit einem leichten Geflechtschild Bewaffneter, γερροφόρος, m.
Gegen, πρός c. acc.
Gegend. τόπος, m.
Gegentheil, ἐναντίον, n.
Gehen, πορεύεσθαι, ἔρχεσθαι.
Gehorchen, πείθεσθαι.
Gehorsam, ὑπήκοος, 2., Jemandem, gen.
Gehülfe, ὑπηρέτης, ου, m.
Geier, γύψ, γυπός, m.
Gelassen, πρᾴως, εὐκόλως, adv.
Geld, χρήματα (pl. von χρῆμα). ἀργύριον, n.
Gelderwerb, χρηματιστική. f.
Geldgier, φιλοχρηματία, f.
Geldgierig, φιλάργυρος, 2. Geldgierig sein, φιλοχρηματεῖν.
Geldmann, χρηματιστής, οῦ. m.
Gelten, ἰσχύειν.
Gelten lassen, συγχωρεῖν.
Gelübde, εὐχωλή, f.
Gemälde, ζωγράφημα, n.
Gemäss, κατά c. acc.
Gemein, φορτικός, 3. Gemeines Wesen, βαναυσία, f.
Gemeinsam, κοινός, 3. κοινῇ, adv.
Gemeinsame Mahlzeit, συσσίτιον, n.
Gemeinschaft, κοινωνία, f.

Genau, ἀκριβῶς, adv.
Geneigt sein, προθυμεῖσθαι.
Geniessen, καρπούσθαι.
Genügen, ἀρκεῖν.
Genügend sich selbst, αὐτάρκης, 2.
Genügsam, εὔκολος, 2.
Genuss haben, ἀπολαύειν.
Gerber, βυρσοδέψης, ου, m.
Gerecht, δίκαιος, 3. δικαίως, adv.
Gerechtigkeit, δικαιοσύνη, f. δικαιότης, ητος, f.
Geregelt, κόσμιος, 3.
Gerichtshof, δικαστήριον, n.
Gering, μικρός, 3. Gering achten, ἀτιμάζειν.
Geringschätzend, ὀλίγωρος, 2.
Gern, ἡδέως. Gern haben, ἀσπάζεσθαι.
Gerste, κριθή, f.
Gesammt, σύμπας, ασα, αν.
Geschäft, ἐπιτήδευμα, n.
Geschehen, γίγνεσθαι.
Geschenk, δωρεά, f.
Geschickt, ἐπιτήδειος, 3.
Geschlecht, γένος, n. Von gleichem Geschlecht, συγγενής, 2.
Geschwätzig, πολυλόγος, 2.
Gesellig, πολιτικός, 3.
Gesellschafter, ὁαριστής, οῦ, m.
Gesetz, νόμος, m. Gesetze geben, νομοθετεῖν.
Gesetzgeber, νομοθέτης, ου, m.
Gesetzlich, νόμιμος, 2.
Gesetzlichkeit, εὐνομία, f.
Gesicht, ὄψις, εως, f.
Gesittet, κόσμιος, 3.
Gestalt, ἰδέα, f.
Gestalten, τυποῦν.
Gestatten, ἐπιτρέπειν.
Gesund, ὑγιεινός, 3. ὑγιής, 2. ὑγιῶς, adv. Gesund sein, ὑγιαίνειν,
Gesundheit, ὑγίεια, f.
Getränk, πῶμα, n.
Getreide, σῖτος, m.
Gewähren, παρέχειν.
Gewaffnet, ἔνοπλος, 2.
Gewalt, βία, f.
Gewandt, ἀγχίνοος, 2.
Geweih: mit goldnem Geweih, χρυσόκερως, ων.
Geweiht, ἱερός, 3.
Gewicht, σταθμός, m. Von gleichem Gewicht, ἰσόψηφος, 2.
Gewinn: Gewinn ziehen, περιουσίαν ποιεῖσθαι.
Gewinnen, ἀνακείθειν.
Gewinnreich, λυσιτελής, 2.

Gewisser, τίς (§. 25. III.).
Gewissermassen, τρόπον τινά.
Gewöhnen, ἐθίζειν.
Gewohnheit, ἦθος. n. συνήθεια, f.
Geziemend, προσῆκον, οντος.
Glanz, σέλας, αος, n.
Glatt, λεῖος, 3.
Glauben, νομίζειν. οἴεσθαι. An etwas glauben, νομίζειν τι.
Glauben schenken, πιστεύειν.
Glaubwürdig, ἀξιόχρεως, ων.
Gleich, ὅμοιος, 3. ἴσος, 3.
Gleichmuth: mit Gleichmuth, ῥᾳθύμως, adv.
Gleichsam, ὥσπερ.
Gleichwie, καθάπερ.
Glücklich, εὐδαίμων, ον. Glücklich preisen, εὐδαιμονίζειν. Glücklich sein, εὐδαιμονεῖν.
Glückseligkeit, εὐδαιμονία, f.
Gnädig, ἵλεως, ων.
Göttin, θεά, f.
Göttlich, θεῖος, 8.
Gold, χρυσός, m.
Golden, χρύσεος, 3.
Gott, θεός, m.
Gottähnlich, θεῖος, 3. θεοειδής, 2.
Gottgefällig, θεοφιλῶς, adv.
Gottgeliebt, θεοφιλής, 2.
Gottheit, θεός, m.
Gottlos, ἀνόσιος, 2.
Gottverhasst, θεομισής, 2.
Graupen, ἄλφιτα, n. pl.
Greis, γέρων, οντος, m.
Greisenalter, γῆρας, αος, n.
Griechisch sprechen, ἑλληνίζειν.
Grösse, μέγεθος, n.
Groll, μῆνις, ιδος, f.
Grollen, ὀργίζεσθαι.
Gross, μέγας, άλη, α. Grossziehen, τρέφειν.
Grosshändler, ἔμπορος, m.
Grotte, ἄντρον, n.
Gründen, οἰκίζειν, κατοικίζειν.
Grund: ohne Grund, ἀλόγως.
Gütig, ἤπιος, 2.
Gut, ἀγαθός, 3. (§. 15, I.). ἀγαθῶς, εὖ, adv. Das Gut, τὸ ἀγαθόν.
Gutmüthig, ἐπιεικής, 2.
Gymnastik, γυμναστική, f.

II.

Haar, θρίξ, τριχός, f.
Haben, ἔχειν.

Habsüchtig, πλεονέκτης, ov.
Habsucht, πλεονεξία, f.
Hälfte, ἥμισυ, εος, n.
Hässlich, αἰσχρός. 3. ἀσχήμων, ov.
Häutchen, δερμάτιον, n.
Hafen, λιμήν, ένος, m.
Halber, ἕνεκα c. gen.
Halbgott, ἡμίθεος, m.
Halbvocal, ἡμίφωνον, n.
Halsband, ὅρμος, m.
Halten, τροφή, f. verb.:τρέφειν.Etwas für etwas halten, νομίζειν, ἡγεῖσθαι, §. 32, I.
Haltung, σχῆμα, n.
Hand, χείρ, χειρός, f. Mit eigener Hand, αὐτόχειρ.
Handeln, πράσσειν.
Handlung, πρᾶξις, εως, f.
Handwerker, δημιουργός, m.
Hang, εὐχέρεια, f.
Harmonie, ἁρμονία, f.
Hart, χαλεπός. 3. στερεός, 3.
Hase, λαγώς, ώ, m.
Hass, μῖσος, n.
Hassen, μισεῖν.
Hauch, πνεῦμα, n.
Haufe, ὄχλος, m.
Hauptsächlich, κεφάλαιος, 3. κύριος, 3.
Haus, οἰκία, f.
Hausgenosse, σύνοικος, m.
Hausaclave, οἰκέτης, ov, m.
Heer, στρατιά, f.
Heftig, θυμοειδής, 2.
Heilen, ἰᾶσθαι.
Heilig, ἁγνός, 3. ὅσιος, 3.
Heilmittel, φάρμακον, n.
Heilsam, χρηστός, 3.
Heimath, πατρίς, ίδος, f.
Heimlich wegräumen, ὑπεξαιρεῖν.
Heirathen, ἄγεσθαι.
Heissen, καλεῖσθαι (genannt werden. §. 10, I.)
Heiter, ἵλεως, ων.
Heldengedicht, ἔπος, n.
Helfer, βοηθός, m.
Herankommen, προσέρχεσθαι.
Heranwachsen, βλαστάνειν.
Herausbrechen, ἐξεμεῖν.
Heraustreiben, ἐξελαύνειν.
Herbe, αὐστηρότης, ητος, f.
Herbeirufen, παρακαλεῖν.
Hernach, μετὰ τοῦτο.
Heros, ἥρως, ωος, m.
Herr, δεσπότης, ov, m.
Herrin, δέσποινα, f.
Herrschaft, ἀρχή, f.

Herrschen, ἄρχειν, über Jem. oder etwas, gen.
Herrschend, ἐγκρατής, 2., über etwas, gen.
Herrscher, ἄρχων, οντος, m.
Herumschweifend, πλανήτης, ov, m.
Herunterbringen, διαφθείρειν.
Hervorbringen, ἐντίκτειν.
Hervorragen, ὑπερέχειν.
Herz, καρδία, f. θυμός, m. Es liegt mir etwas am Herzen, μέλει μοί τινος.
Hier, ἐνταῦθα.
Himmel, οὐρανός, m.
Hinarbeiten, στοχάζεσθαι, auf etwas, gen.
Hinbringen, διάγειν. Die Zeit hinbringen, διατρίβειν.
Hindern, κωλύειν.
Hinderlich sein, ἀπείργειν.
Hinderniss, ἀσχολία, f.
Hineinwerfen, ἐμβάλλειν.
Hingeben sich, χαρίζεσθαι.
Hinleiten, προτρέπειν.
Hinterlassen, λείπειν.
Hinüberwerfen, ὑπερβάλλειν.
Hinwenden sich, ῥέπειν.
Hirschkuh, ἔλαφος, f.
Hirt, ποιμήν, ένος, m. νομεύς, έως, m.
Hitze, καῦμα, n.
Hochherzig, μεγαλόφρων, ov.
Hochsinn, φρόνημα, n.
Hören, ἀκούειν, Jemanden, gen.; etwas, acc. Auf etwas hören, ὑπακούειν c. gen.
Hoffen, ἐλπίζειν.
Hoffnung, ἐλπίς, ίδος, f.
Hohen Sinnes, ὑψηλόνοος, 2.
Holz, ξύλον, n.
Honig, μέλι, ιτος, n.
Horn, κέρας, ατος, n.
Hülfe, ἐπικουρία, f.
Hündin, κύων, κυνός, f.
Hüten sich. εἴργεσθαι, vor etwas,gen.
Hund, κύων, κυνός, m. Junger Hund, σκύλαξ, ακος, c.
Hundert, ἑκατόν.
Hunger, πείνα, f.
Hungern, πεινῆν.
Hydra, ὕδρα, f.
Hyäne. ὕαινα, f.

I, J.

Jahr, ἔτος, n.
Jahreszeit, ὥρα, f.

Ich, ἐγώ (§. 21, I. II.).
Jeder, ἕκαστος, 3. Jeder Einzelne, εἷς ἕκαστος.
Jedesmal, ἀεί, ἑκάστοτε.
Jedoch, δέ (postpositiv).
Jemals, ποτέ (enklit.).
Jemand, τίς (pron. indefin.).
Jener, ἐκεῖνος, η, ο. (§. 24, I.)
Jetzt, νῦν.
Immer, ἀεί.
In, ἐν c. dat. (= in c. abl.), εἰς c. acc. (= in c. acc.)
Inne haben, κατέχειν.
Irgend einer, τίς (pron. indef.).
Irren, Pass. von σφάλλειν (irre machen).
Irrthum, πλάνη, f.
Jüngling, νεανίας, ου, m.
Jugend, νεότης, ητος, f.
Jung, νέος, 3. Jung sein, ἡβᾶν.
Das Junge (eines Thieres), τέκνον, n.

## K.

Kämpfen, μάχεσθαι, mit Jemandem, dat.
Käse, τυρός, m.
Kalt, ψυχρός, 3.
Kampf, μάχη, f.
Kampfspiel, ἆθλον, n.
Katze, αἴλουρος, c.
Kauf, ὠνή, f.
Kaum, μόγις.
Keiner, οὐδείς, δεμία, δέν.
Keineswegs, οὐδαμῶς.
Kennen: nicht kennen, ἀγνοεῖν.
Kenntniss, ἐπιστήμη, f.
Kind, παῖς, παιδός, c.
Kindererziehung, παιδοτροφία, f.
Kindlein, παιδίον, n.
Kinn, γένειον, n.
Klage, ὀδυρμός, m.
Kleid, ἱμάτιον, n.
Klein, μικρός, 3.
Kleinhändler, κάπηλος, m.
Klug, σοφός, 3.
Knabe, μειράκιον, n. παῖς, παιδός, m.
Knechtschaft, δουλεία, f.
Knochen, ὀστέον, n.
Koch, μάγειρος, m.
Kochen, ἕψειν.
König, βασιλεύς, έως, m. Von einem Könige beherrscht werden, βασιλεύεσθαι.
Königlich, βασιλικός, 3. βασίλειος, 2.
Königthum, βασιλεία, f.
Körper, σῶμα, n.
Köstlich, τίμιος, 3.
Kommen, ἔρχεσθαι.
Komödie, κωμῳδία, f.
Komödiendichter, κωμῳδός, m.
Kopf, κεφαλή, f. Ohne Kopf, ἀκέφαλος, 2.
Kosten, γεύεσθαι, etwas, gen.
Krämer, κάπηλος, m.
Kraft, ῥώμη, f.
Kraftvoll, νεανικός, 3.
Krank sein, κάμνειν.
Krankhaft, νοσώδης, 2.
Krankheit, νόσος, f.
Kranz, στέφανος, m.
Krieg, πόλεμος, m. Krieg führen, πολεμεῖν.
Kriegerisch, πολεμικός, 3.
Kriegsheer, στράτευμα, n.
Kriegskunst, πολεμική, f.
Kuchen, πλακοῦς, οῦντος, m.
Kühnheit, τόλμημα, n.
Kümmern sich, φροντίζειν, um etwas, gen.
Kuh, βοῦς, βοός, f.
Kundig, ἐπιστήμων, ον, einer Sache, gen.
Kunst, τέχνη, f.
Kurz, βραχύς, 3.

## L.

Lachen, γέλως, ωτος, m.
Lachlustig, φιλόγελως, ωτος.
Lächerlich, γελοῖος, 3. καταγέλαστος, 2.
Lästern, βλασφημεῖν.
Lästig, χαλεπός, 3.
Lästig fallen, χαλεπαίνειν.
Läufer, δρομεύς, έως, m.
Lager, στρατόπεδον, n.
Lahm, χωλός, 3.
Lamm, [ἀρήν] ἀρνός, m.
Land, χώρα, f. γῆ, f.
Landmann, γεωργός, m.
Landsmann, πολίτης, ου, m.
Lang, μακρός, 3. μακρόν, adv.
Langsam, βραδύς, 3.
Lanzenschwinger, αἰχμητής, οῦ, m.
Lassen, ἐᾶν.
Laster, κακία, f.
Lastesel, ὄνος κανθήλιος, m.
Lauf, δρόμος, m.

# 74 - Laut — Mitwachen

Laut, φωνή, f.
Leben, βίος, m. — verb.: ζῆν.
Lebendes Wesen, ζῶον, n.
Lebensalter, ἡλικία, f.
Lebensweise, δίαιτα, f.
Leblos, ἄψυχος, 2.
Leer, κενός, 3.
Lehren, διδάσκειν.
Lehrer, διδάσκαλος, m.
Leibesstärkung, σωμασκία, f.
Leibesübung, γυμνάσιον, n. Leibesübung treiben, γυμνάζειν.
Leichenrede, λόγος ἐπιτάφιος, m.
Leicht, ῥᾴδιος, 3. ῥᾳδίως, adv.
Leicht (von Gewicht), κοῦφος, 3.
Leicht fassend, εὐμαθής, 2. Leicht veränderlich, εὐμετάβολος, 2.
Leicht zu betrügen, εὐεξαπάτητος.
Loiden, πάσχειν. subst.: πάθος, n.
Leidenschaft, πάθος. n.
Leidenschaftlich, μανικός, 3.
Leiten, ἄγειν. Zum Leiten geeignet, ἀρχικός, 3.
Leiter, ἄρχων, οντος, m.
Leitung, ἡγεμονία, f.
Lenken, ἕλκειν.
Lernen, μανθάνειν.
Lesen, ἀναγιγνώσκειν.
Letzter, τελευταῖος, 3.
Licht, φῶς, φωτός, n.
Lieb, φίλος. 3. Lieb haben, ἀγαπᾶν.
Liebe, φιλία, f.
Lieben, στέργειν, φιλεῖν. Das Schöne lieben, φιλοκαλεῖν.
Liebenswürdig, ἐράσμιος, 2.
Lieber, μᾶλλον, adv.
Listig, κερδαλέος, 3.
Lob, ἔπαινος, m.
Loben, ἐπαινεῖν.
Lobrede, ἔπαινος, m.
Lobredner, ἐπαινέτης, ου, m.
Lohn, μισθός, m.
Loos, μοῖρα, f.
Lüge, ψεῦδος, n.
Lügen, ψεύδεσθαι.
Lust, ἡδονή, f.
Lyra, λύρα, f.

## M.

Machen, πράσσειν, ποιεῖν. Sich an etwas machen, ἐφάπτεσθαί τινος. Jemanden (otwas) zu etwas machen, ἀπεργάζεσθαι, ποιεῖν (§.7,II.).
Macht, δύναμις, εως, f. ἐξουσία, f.

Machthaber, δυνάστης, ου, m.
Mährchen, μῦθος, m.
Mänade, μαινάς. ἀδος. f.
Männlich, ἀνδρεῖος, 3. ἄρρην, εν (masculinus).
Mästen, παχύνειν.
Mässig. μέτριος, 3. μετρίως, adv.
Mässigkeit, μετριότης, ητος, f.
Mässigung, εὐτέλεια, f.
Magnetstein, ἡ Ἡράκλεια (ας) λίθος (ου).
Malen, γράφειν.
Maler, ζωγράφος, m.
Man, τίς (§. 25, III.).
Manchmal, ἔστιν ὅτε.
Mangel, ἔνδεια, f. Mangel an Bildung, ἀπαιδευσία, f.
Mann, ἀνήρ, ἀνδρός, m.
Mannhaftigkeit, ἀνδρεία, f.
Mannigfach, παντοδαπός. 3.
Mannigfaltigkeit, ποικιλία, f.
Markt, ἀγορά, f.
Mathematik, μάθημα, n.
Mauer, τεῖχος, n.
Maus, μῦς, μυός, m.
Meer, θάλασσα, f.
Mehl. ἄλευρα, n. pl.
Mehlthau, ἐρυσίβη. f.
Mehr, μᾶλλον. Nicht mehr s. nicht.
Mein, ἐμός, 3. (§. 22. II. III.)
Meinen, λέγειν, ἡγεῖσθαι.
Meinung, δόγμα, n.
Meisten, die, οἱ πολλοί (§. 17, I.). Am meisten, μάλιστα.
Meistentheils, ὡς ἐπὶ τὸ πολύ.
Melden, ἀγγέλλειν.
Menge, πλῆθος, n.
Mensch, ἄνθρωπος, m.
Menschlich, ἀνθρώπειος, 3. ἀνθρώπινος, 3.
Milch, γάλα, ακτος, n.
Mild, ἥμερος, 2.
Mischung. μίξις, εως, f.
Missgeschick, συμφορά, f.
Missmuth, δυσθυμία, f.
Misstrauen, ἀπιστεῖν.
Misstrauisch, ἄπιστος, 2.
Missvergnügt, δυσάρεστος, 2.
Mit, μετά c. gen.
Mitbürger, πολίτης, ου, m.
Mitfliehen, συμφεύγειν.
Mitgehen, συνέρχεσθαι.
Mitjagen, συνθηρεύειν.
Mittag, μεσημβρία, f.
Mitte, μέσον, n.
Mittlere, μέτριος, 3.
Mitwachen, συμφυλάσσειν.

## Möglich — Ort    75

Möglich, δυνατός, 3. Es ist möglich, οῖόν τέ ἐστιν (§. 26. III.).
Möglichkeit, μηχανή, f.
Monarchisch, μοναρχικός, 3.
Monat, μήν, μηνός, m.
Mond, σελήνη, f. •
Mord, φόνος, m.
Morgenröthe, ἕως, ω, f.
Mühe, πρᾶγμα, n. πόνος, m. Sich Mühe geben, μελετᾶν.
Mühevoll, mühselig, ἐπίπονος, 2.
Münze, νόμισμα, n. Als Münze brauchen, νομίζειν, etwas, dat.
Mürrisch. δύσκολος, 2.
Müssen, δεῖν. Man muss, δεῖ, χρή (§. 5. III.).
Müssig sein, σχολάζειν.
Mund, στόμα, n.
Musse, σχολή, f.
Muth, θάρρος, n.
Mutter, μήτηρ, μητρός, f.
Myriade, μυριάς, άδος, f.

## N.

Nach, μετά c. acc.
Nachahmen, μιμεῖσθαι.
Nachbar. γείτων, ονος, m.
Nachbarschaft, γειτονία, f.
Nacheifern, ζηλοῦν, Jemandem, acc.
Nachfolgen. ἀκολουθεῖν.
Nachkomme, ἔκγονος, m.
Nachlassen, παύεσθαι.
Nacht, νύξ, νυκτός, f. Bei Nacht, νύκτωρ.
Nachtheil. βλάβη, f.
Nähe: aus der Nähe, ἐγγύθεν. In der Nähe, πέλας.
Nähern sich, πλησιάζειν.
Nämlich, γάρ (postpositiv).
Nämliche, der, ὁ αὐτός (§. 23, I.).
Nahe. πλησίον. Nahe sein, πλησίον (adv.) εἶναι.
Nahrung, τροφή, f.
Nahrungsmittel, σῖτος, m. σιτίον, n.
Name, ὄνομα, n.
Narbe, οὐλή, f.
Naschhaft, λίχνος, 3.
Nase, ῥίς, ῥινός, f.
Nass, ὑγρός, 3.
Natürlich, εἰκός, ότος, n.
Natur, φύσις, εως, f.
Neffe, ἀδελφιδέος, m.
Neid, φθόνος, m.
Neidisch, φθονερός, 3.

Neidlos, ἄφθονος, 2.
Nennen, λέγειν, ὀνομάζειν, καλεῖν (§. 10, I.).
Neu, καινός, 3.
Neuerungssucht, νεωτερισμός, m.
Neugeboren, βρέφος, n.
Nicht, οὐ, οὐκ οὐχ. μή (§. 1. III.). Nicht einmal, οὐδέ. Nicht mehr, οὐκέτι. Nicht nur—sondern auch, οὐ μόνον — ἀλλὰ καί.
Nichts, οὐδέν, ἑνός, n.
Nichtswürdig, μοχθηρός, 3.
Nichtswürdigkeit, κακότης, ητος, f.
Nieder, κάτω.
Niederbeugen, δουλοῦν.
Niederlage, ἧσσα, f.
Niemals, οὔποτε, οὐδέποτε.
Niemand, οὐδείς, ἑνός, m.
Nirgends, οὐδαμοῦ.
Noch, ἔτι. Noch nicht, οὔπω.
Nöthig: es ist nöthig, δεῖ, χρή (§. 5, III.).
Nothwendig, ἀναγκαῖος, 3.
Nothwendigkeit, ἀνάγκη, f.
Nützen, ὠφελεῖν, Jemandem, acc.
Nützlich, συμφέρων, ουσα, ον. χρήσιμος, 3.
Nur. μόνον.
Nutzen, ὠφέλεια, f. ὄφελος, n.
Nymphe, νύμφη, f.

## O.

Ob. εἰ. Ob — oder, εἴτε — εἴτε.
Oben, ἄνω.
Obendrein, πρός.
Oder, ἤ.
Oeffentlich, δημόσιος, 3. δημοσίᾳ, adv.
Oel, ἔλαιον, n.
Offen, ἁπλόος, 3.
Offenbar, δῆλος, 3. Offenbar sein, φαίνεσθαι.
Offenbaren, δηλοῦν.
Oft, πολλάκις.
Ohne, ἄνευ c. gen.
Ohr, οὖς, ὠτός, n.
Olive, ἐλάα, f.
Olympiasieger, ὀλυμπιονίκης, ου, m.
Opfer. θυσία, f.
Opferkuchen, πόπανον, n.
Opfern, θύειν.
Orakelspruch, λόγιον, n.
Ordentlich, κόσμιος, 3.
Ort, τόπος, m.

# P.

Palme, φοίνιξ, ικος, m.
Panther, πάνθηρ, ηρος, m.
Passend sein, πρέπειν.
Peinlich, μικρολόγος. 2.
Peitsche, μάστιξ, ιγος, f.
Pfau, ταώς, ώ, m.
Pferd, ίππος, m.
Pflanze, φυτόν, n.
Pflege, κηδεμονία, f.
Pflegen, ασκείν.
Pflicht, προσήκον, οντος, n.
Planlos, είκή, adv.
Plötzlich, αίφνίδιος, 2.
Poetisch, ποιητικός, 3.
Prahlen, μέγα λέγειν.
Preisen, εγκωμιάζειν.
Priester, ιερεύς, έως, m.
Priesterin, ιέρεια, f.
Priesterthum, ιερατική, f.
Privatmann, ιδιώτης, ου, m.
Process, δίκη, f.
Prophet, προφήτης, ου, m.
Prophetin, προφήτις, ιδος, f.
Prüfen, βασανίζειν.
Prüfungsmittel, κριτήριον, n.
Purpur, πορφύρα, f.

Reihe, τάξις, εως, f.
Rein, καθαρός, 3., von etwas, gen.
Reinigen, καθαίρειν.
Reiter, ιππεύς, έως, m.
Reitkunst, ιππική, f.
Reizen, ερεθίζειν.
Retten, σώζειν.
Rettung, σωτηρία, f.
Rhapsode, ραψωδός, m.
Richten, προσέχειν, auf etwas, dat. έχειν, auf etwas, πρός τι.
Richter, δικαστής, ου, m.
Richtig, ορθός, 3. ορθώς, adv.
Rind, βούς, βοός, m.
Rindfleisch, βόειον κρέας, ατος, n.
Rindviehzucht, βοηλατική, f.
Ring, δακτύλιος, m.
Ringen, συντείνειν. παλαίειν.
Roh, άγριος, 3.
Rohheit, αγριότης, τητος, f.
Rose, ρόδον, n.
Rost, ιός, m.
Rüsten, παρασκευάζειν.
Ruf, δόξα, f. Guter Ruf, εύκλεια, f.
Ruhe, ειρήνη, f. Ruhe halten, ησυχίαν άγειν.
Ruhig, άστασίαστος, 2.
Ruhm, δόξα, f. κλέος, n.

# R.

Rasen, μαίνεσθαι.
Rasend, μαινόμενος.
Rath, συμβουλή, f. Rath geben, συμβουλεύειν.
Rathen, συμβουλεύειν.
Rathgeber, σύμβουλος, m.
Rathhaus, βουλευτήριον, n.
Rathsherr, βουλευτής, ού, m.
Rathsversammlung, βουλή, f.
Raub, αρπαγή, f.
Rauben, αρπάζειν.
Raum, τόπος, m.
Recht, δίκη, f. Mit Recht, δικαίως.
Recht machen, κατορθούν. Recht sprechen, δικάζειν.
Rechtspflege, δικανική, f.
Rede, λόγος, m.
Redekunst, ρητορική, f.
Redner, ρήτωρ, ορος, m.
Redselig, φιλόλογος.
Regieren, επιτροπεύειν.
Reich, πλούσιος, 3. Reich sein, πλουτείν.
Reichthum, πλούτος, m.

# S.

Sache, πράγμα, n.
Süen, σπείρειν.
Sänger, ωδός, m.
Sagen, λέγειν.
Saite, χορδή, f.
Salz, άλς, αλός, m.
Sammlung, αγερμός, m.
Sanft, πράος, εία, ον.
Satt: Ganz satt, κατακορής, 2.
Scepter, σκήπτρον, n.
Schaden, βλάπτειν. — subst.: ζημία, f.
Schädel, κρανίον, n.
Schädlich, βλαβερός, 3.
Schämen sich, αισχύνεσθαι, einer Sache, τι.
Schändlich, φαύλος, 3.
Schätze sammelnd, θησαυροποιός.
Schaf, πρόβατον, n.
Schakal, θώς, ωός, m.
Scham, Schamhaftigkeit, αίδώς, όος, f.
Schande, αισχύνη, f.
Scharf, οξύς, 3. οξέως, adv.
Scharfsinnig, οξύς, 3.

## Schatz — Soldat

Schatz, Θησαυρός, m.
Schaudern, φρίσσειν.
Schauspieler, ὑποκριτής, οῦ, m.
Scheiden, ἀπαλλάσσεσθαι, von etwas, gen.
Scheinen, δοκεῖν.
Scheinweisheit, δοξοσοφία, f.
Schelten, μέμφεσθαι.
Schenken, δωρεῖν.
Scherz, παιδιά, f.
Scherzen, παίζειν.
Schicksal, τύχη, f.
Schiff, ναῦς, νεώς, f.
Schiffen, πλεῖν.
Schiffer, ναύτης, ου, m.
Schiffswerfte, νεώριον, n.
Schild, ἀσπίς, ίδος, f.
Schimpf, ὄνειδος, n.
Schimpflich, αἰσχρός, 3.
Schlacht, μάχη, f.
Schlachten, σφάττειν.
Schlaf, ὕπνος, m.
Schlafen, καθεύδειν.
Schlagen, πλήσσειν.
Schlau, πανοῦργος, 2.
Schlecht, κακός, 3. (§. 15, II.). πονηρός, 3. κακῶς, adv. Schlecht geartet, κακοφυής, 2.
Schlechtigkeit, πονηρία, f. κακία, f.
Schlimm, κακός, 3.
Schmähen, λοιδορεῖν.
Schmeichelei, θωπεία, f. κολακεία, f.
Schmeicheln, κολακεύειν.
Schmeichler, κόλαξ, ακος, m.
Schmelzen, ἐκλείπειν.
Schmerz, λύπη, f. Schmerz empfinden, ἀλγεῖν.
Schmerzlich, λυπηρός, 3.
Schmied, χαλκεύς, έως, m.
Schmuck, κόσμος, m.
Schnee, χιών, όνος, f.
Schnell, ταχύς, 3. ταχέως, adv. Schnell fassend, ἀγχίνοος.
Schön, καλός, 3. καλῶς, adv.
Schönheit, κάλλος, n.
Schöpfen, ἀρύειν.
Scholle, βῶλος, f.
Schon, ἤδη.
Schonen, φείδεσθαι, Jemanden, gen.
Schrecken: In Schrecken setzen, ἐκδειματοῦν.
Schrecklich, φοβερός, 3. δεινός, 3.
Schreiben, γράφειν.
Schreien, βοᾶν, φθέγγεσθαι.
Schüler, μαθητής, οῦ, m.
Schütteln (mit dem Kopfe), ἀνανεύειν.

Schützend, ἐπίκουρος, 2.
Schuhmacher, σκυτοτόμος, m.
Schuhmacherei, σκυτοτομία, f.
Schuld, αἴτιος, 3., an etwas, gen.
Schuldig sein, ὀφείλειν.
Schwach, ἀσθενής, 2.
Schwätzer, ἀδολέσχης, ου, m.
Schwarz, μέλας, αινα, αν.
Schweigsam, σιωπηλός.
Schwelgerei, τρυφή, f.
Schwer, χαλεπός, 3. χαλεπῶς, adv. Schwer (von Gewicht), βαρύς, 3. Schwer zu behandeln, δυσμεταχείριστος, 2. Schwer zu bekämpfen, δύσμαχος, 2.
Schwester, ἀδελφή, f.
Schwinden, ἔξοδος, f.
Sclave, δοῦλος, m. Zu Sclaven machen, ἀνδραποδίζεσθαι.
Sclavin, δούλη, f.
Sclavisch, δοῦλος, 3.
Sechs, ἕξ.
Sechsmal, ἑξάκις.
Seele, ψυχή, f.
Seelengrösse, μεγαλοψυχία, f.
Seeschlacht, ναυμαχία, f.
Sehen, ὁρᾶν.
Sehr, σφόδρα.
Sei es — oder, εἴτε — εἴτε.
Sein, εἶναι.
Seinerseits, αὖ.
Seinige: s. §. 22, II. III.
Selbst, αὐτός (§. 23, I.).
Selbständig, αὐτοκράτωρ, ορος.
Seufzer, στεναγμός, m.
Sicher, βέβαιος, 3.
Sieben, ἑπτά.
Sieg, νίκη, f.
Siegen, νικᾶν.
Silber, ἄργυρος, m.
Silbern, ἀργύρεος, 3.
Singen, ᾄδειν.
Sinn, νόος, m.
Sinnesart, ἦθος, n.
Sinnlos, ἄνοος, 2.
Sitte, ἦθος, n.
Sitzen, ἱδρύεσθαι.
So, οὕτω(ς). So dass, ὥστε. So beschaffen, τοιοῦτος. So sehr, τοσοῦτος. So viel, τοσοῦτος. So weit, εἰς ὅσον.
Sofort, παραχρῆμα.
Sogleich, εὐθύς.
Sohn, υἱός, m.
So lange, ἕως.
Solcher, τοιοῦτος, αὕτη, οὗτο.
Soldat, στρατιώτης, ου, m.

Sondern, ἀλλά.
Sonne, ἥλιος, m.
Sonnenhitze, εἴλησις, εως, f
Sophist, σοφιστής, οῦ, m.
Sorge tragen, ἐπιμελεῖσθαι, für etwas, gen.
Sorgen, κήδεσθαι, für Jem. oder etw., gen.
Sorgfältig, ἐπιμελής, 2.
Sorgfalt, ἐπιμέλεια, f.
Sowohl — als auch, καί — καί.
Spät, ὄψιος, 3.
Später, ὕστερος, 3.
Sparsam, φειδωλός, 3.
Speer, δόρυ, ατος, n.
Speise, ἐδωδή, f. OhneSpeise, ἄσιτος,2.
Spielen, παίζειν.
Spitze, κορυφή, f.
Spotten, σκώπτειν.
Sprechen, λέγειν.
Sprüchwort, παροιμία, f.
Sprühen, δέρκεσθαι.
Staat, πόλις, εως, f.
Staatsgeschäfte, πολιτικά, n. pl.
Staatsverfassung, πολιτεία, f.
Stachel, κέντρον, n.
Stadt, πόλις, εως, f. ἄστυ, εος, n.
Stärke, ἰσχύς, ύος, f.
Stamm, ἔθνος, n.
Stand: ich bin im Stande, οἷός τέ εἰμι (§. 26, III.). Zu Stande bringen, ἐξεργάζεσθαι. Stand halten, μένειν.
Standbild, ἄγαλμα, n.
Stark, ἰσχυρός, 3. Stark werden, ἀνδροῦσθαι.
Stater, στατήρ, ῆρος, m.
Stehen: In Ehren stehen, σεμνύνεσθαι.
Stehlen, κλέπτειν.
Stein, λίθος, m.
Sterben, τελευτᾶν.
Sterblich, θνητός, 3.
Stern, ἀστήρ, έρος, m.
Stets, ἀεί.
Steuermann, κυβερνήτης, ου, m.
Steuermannskunst, κυβερνητική, f.
Stenern, κυβερνᾶν.
Stickerei, ποίκιλμα, n.
Still, ἠρέμα.
Stimme, φωνή, f.
Stimmstein, ψῆφος, f.
Stimmung, διάθεσις, εως, f.
Stimmurne, ὑδρία, f.
Stirn, μέτωπον, n.
Stossen, κυρίττειν. Sich stossen, προςπταίειν.

Strafe, τιμωρία, f. δίκη, f.
Strafen, ζημιοῦν, κολάζειν.
Streben, ὀρέγεσθαι, nach etwas, gen.
Streit, ἀγωνία, f.
Strömung, ῥεῦμα, n.
Studieren, μελετᾶν.
Stürzen, βάλλειν.
Stumm, ἐνεός, 3.
Stumpf, ἀμβλύς, 3.
Substantiv, ὄνομα, n.
Suchen gleich zu kommen, διώκειν. Jemandem, acc. Suchen zu entkommen, φεύγειν. Suchen zu erlangen, σπουδάζειν.
Sühnen, καθαίρειν.
Sündigen, ἐξαμαρτάνειν.
Süss, ἡδύς, 3.

T.

Tadel, ψόγος, m.
Tadeln, ψέγειν.
Täuschen sich, ψεύδεσθαι.
Täuschung, ἀπάτη, f.
Tag, ἡμέρα, f.
Tapfer, ἀνδρεῖος, 3. ἀνδρείως, adv.
Tapferkeit, ἀνδρεία, f.
Tau, κάλως, ω, m.
Tempelräuber, ἱερόσυλος, m.
Tempelraub, ἱεροσυλία, f.
Theil, μέρος, n.
Theilchen, μόριον, n.
Theilen, διανέμειν.
Theilhaftig sein, μετέχειν, einer Sache. gen.
Thier, θηρίον, n.
Thierisch, θηριώδης, 2.
Thöricht, μάταιος, 3.
Thorheit, ἄνοια, f.
Thräne, δάκρυον, n.
Thür, θύρα, f.
Thun, πράσσειν, ποιεῖν.
Tisch, τράπεζα, f.
Tochter, θυγάτηρ, τρός, f.
Tod, θάνατος, m. Dem Tode nahe, θανάσιμος, 2.
Tödten, ἀποκτείνειν.
Tönen, ἠχεῖν.
Töpfer, κεραμεύς, έως, m.
Trachten, διώκειν, nach etwas, acc.
Trägheit, ἀργία, f.
Tragen, φέρειν.
Tragödie, τραγωδία, f.
Tragödiendichter, τραγωδός, m.

Trank, ποτόν, n. Ohne Trank, ἄποτος, 2.
Trauergesang, ἐπικήδειος ᾠδή, f.
Trefflich, γενναῖος, 3.
Treiben, πράττειν, ἐπιτηδεύειν.
Trennung, διάλυσις, εως, f.
Trieb, ἐπιθυμία, f.
Trinken, πίνειν.—subst.: πόσις, εως, f.
Trocken, ξηρός, 3.
Trösten, παραμυθεῖσθαι.
Trost, παραμύθιον, n.
Trüben, ἐπιθολοῦν.
Trübsal, ἀλγηδών, όνος, f.
Trug: Ohne Trug, ἀδόλως.
Truglosigkeit, ἀψευδεια, f.
Trugrede, δημηγορία, f.
Trunken sein, μεθύειν.
Trunkenheit, μέθη, f.
Tüchtig, χρηστός, 3.
Tugend, ἀρετή, f.
Turnlehrer, παιδοτρίβης. ου, m.
Tyrann, τύραννος, m. Von einem Tyrannen beherrscht werden, τυραννεύεσθαι, τυραννεῖσθαι.
Tyrannisch, τυραννικός, 3.

## U.

Uebel, κακόν, n. κακῶς, adv.
Uebelgesinnt, δύσνοος, 2.
Uebelthat, κακουργία, f.
Ueben, ἐπιτηδεύειν. ἐπιμελεῖσθαι, etwas, gen.
Ueber, περί c. gen.
Ueberall, πανταχοῦ.
Ueberaus betrübt, περιαλγής, 2. Ueberaus erfreut, περιχαρής, 2. Ueberaus gross, ὑπερμεγέθης, 2.
Ueberbieten, ἀπολείπειν.
Ueberdruss, κόρος, m.
Ueberfluss, ἀφθονία, f. In Ueberfluss, ἄφθονος, 2.
Uebergehen, μεταβάλλειν.
Ueberhandnehmen, πληθύειν.
Ueberhaupt, παράπαν.
Ueberkommen, παραλαμβάνειν.
Uebermässig, ἐξαίσιος, 2.
Uebermüthig, ὑβριστής, οῦ, m. Uebermüthig sein, ὑβρίζειν.
Uebermuth, ὕβρις, εως, f.
Ueberreden, πείθειν.
Ueberredung, πειθώ, όος, f.
Uebertreffen, ὑπερβάλλεσθαι.
Ueberwiegen, ὑπερβάλλειν.
Ueberzeugen, πείθειν.

Ueberzeugung, πειθώ, όος, f.
Uebrig, ὁ ἄλλος (§. 23, II.). Uebrig lassen, λείπειν. Uebrig bleiben, λείπεσθαι.
Uebung, ἄσκησις, εως, f.
Ueppigkeit, τρυφή, f.
Um, περί c. acc. Um — willen, ἕνεκα c. gen.
Umgang, συνουσία, f. Umgang haben, συναναστρέφειν, mit Jemandem, dat.
Umgehen, ὁμιλεῖν, προςομιλεῖν, mit Jem., dat.
Umhergehen, περιέρχομαι.
Umhertreiben, φέρειν.
Umlauf, περιφορά, f.
Umstürzen, ἀνατρέπειν.
Umwenden sich, ἀναστρέφεσθαι.
Unähnlich, ἀνόμοιος, 2.
Unangenehm, ἀνιαρός, 3. ἀηδής, 2.
Unbedenklich, θαῤῥαλέος, 3.
Unbedeutend, βραχύς, 3.
Unbegabt, ἀφυής, 2.
Unbekannt, ἀγνώς, ῶτος.
Unbestraft, ἀζήμιος, 2.
Unbrauchbar, ἄχρηστος, 2. ἀχρεῖος, 2.
Und, καί. Und nicht, οὐδέ.
Uneben, ἀνώμαλος, 2.
Unehrerbietigkeit, ἀθεραπευσία, f.
Uneinigkeit, διαφορά, f.
Unenthaltsamkeit, ἀκράτεια, f.
Unerfahren, ἄπειρος, 2., in etwas, gen. ἀπείρως, adv.
Unerfahrenheit, ἀπειρία, f.
Unerforscht, ἀνερεύνητος, 2.
Unerhört, θαυμαστός, 3.
Unerwartet, ἀπροσδόκητος, 2.
Unfall, δυστύχημα, n.
Unfreies Wesen, ἀνελευθερία, f.
Unfreiwillig, ἀκούσιος, 2. ἀκουσίως, adv.
Unfreundlichkeit, ἀηδία, f.
Ungebildet, ἀπαίδευτος, 2.
Ungeehrt, ἄτιμος, 2.
Ungemischt, ἄκρατος, 2.
Ungerecht, ἄδικος, 2. Ungerecht behandelt werden, ἀδικεῖσθαι.
Ungerechtigkeit, ἀδικία, f.
Ungern, ἄκων, ουσα, ον.
Ungesetzlich handeln, παρανομεῖν.
Ungestraft, ἀκόλαστος, 2.
Ungewöhnlich, ἐξαίσιος, 2.
Ungezählt, ἀναρίθμητος, 2.
Unglücklich, ἄθλιος, 3.
Unglücksfall, δυστυχία, f.
Ungültig, ἄκυρος, 2.
Unheilbar, ἀνίατος, 2. ἀνήκεστος, 2.

Unheilig, ἀνόσιος, 2.
Unmännlich, ἄνανδρος, 2.
Unmännlichkeit, ἀνανδρία, f.
Unmässig, ἄμετρος, 2.
Unmöglich, ἀδύνατος, 2.
Unnütz, ἀνόνητος, 2. ἄχρηστος, 2.
Unpassend, ἄτοπος, 2.
Unrecht, ἀδικία, f. Mit Unrecht, ἀδίκως, adv.
Unrecht leiden, ἀδικεῖσθαι. Unrecht thun, ἀδικεῖν.
Unschädlich, ἀβλαβής, 2.
Unser, ἡμέτερος, 3. (§. 22, II. III.)
Unsicher, ἐπισφαλής, 2.
Unsichtbar machen, ἀφανίζειν. Auf eine unsichtbare Weise, ἀδήλως.
Unsterblich, ἀθάνατος, 2.
Unter, ὑπό c. dat.
Untergang, φθορά, f.
Unterhalten sich, διαλέγεσθαι, mit Jem., dat.
Unterjochen, καταδουλοῦν.
Unternehmen. ἐπιχειρεῖν, etwas, dat.
Unternehmung, ἐπιχείρημα, n.
Unterordnen einer Sache, ποιεῖν ὑπό τινι.
Unterricht, μάθησις, εως, f. διδαχή, f.
Unterrichten. παιδεύειν.
Unterscheiden, διαισθάνεσθαι, διαγιγνώσκειν.
Unterschlagen, ἀφανίζειν.
Unterthan sein, δουλεύειν.
Unterwerfen, δουλοῦν, einer Sache, ὑπό τινι.
Unterziehen sich einer Sache, ἀφικνεῖσθαι εἰς τι.
Unüberlegt, ἀλόγιστος, 2.
Unüberwindlich, ἄμαχος, 2.
Unvermischt, ἀμιγής, 2.
Unverschämtheit, ἀναίδεια, f.
Unverständig, ἀνόητος, 2. ἄφρων, ον.
Unwillig sein, ἀγανακτεῖν.
Unwissend, ἀμαθής, 2.
Unwissenheit, ἀμαθία, f. ἄγνοια, f.
Unzählig, μυρίος, 3.
Unzufrieden, μεμψίμοιρος, 2. Unzufrieden sein, δυσχεραίνειν, mit etwas, acc.
Unzuverlässig, ἄπιστος, 2.
Urheber, Urheberin, αἴτιος, 3., von etwas, gen.
Urquell, γένεσις, εως, f.
Ursache, αἴτιος, 3.
Urtheilen, κρίνειν.

## V.

Vater, πατήρ, τρός, m.
Vaterland, πατρίς, ίδος, f.
Verachten, καταφρονεῖν, Jem., gen.
Verändern, ἀλλοιοῦν. Sich verändern, παραλλάσσειν.
Veränderung, μεταβολή, f.
Verbannung, φυγή, f.
Verbergen, ἀποκρύπτειν.
Verbinden, συνδεῖν.
Verbrechen, ἀδίκημα, n.
Verbreiten, τείνειν. Sich verbreiten, χωρεῖν.
Verderben, διαφθείρειν.
Veredelt, ἥμερος, 2.
Verehren, θεραπεύειν, σέβεσθαι.
Verehrer, ἐραστής, οῦ, m.
Verehrung, θεραπεία, f.
Vereinigen, συναρμόσσειν.
Verfassen, συγγράφειν.
Verfassung, πολιτεία, f. Eine gute Verfassung haben, εὔνομον εἶναι.
Verfehlen, ψεύδεσθαι, etwas, gen.
Verfertigen, δημιουργεῖν.
Verfertigung, ἐργασία, f.
Verfolgen, διώκειν. Verfolgen des eigenen Vortheils, ἰδιοπραγία, f.
Vergehen, συγγιγνώσκειν.
Vergeblich, μάτην, adv.
Vergessenheit, Vergesslichkeit, λήθη, f.
Vergnügen, Vergnügung, ἡδονή, f.
Vergolden, χρυσοῦν.
Vergraben, κατορύσσειν.
Verhältniss, συμμετρία, f.
Verhalten sich, ἔχειν.
Verhasst werden, ἀπεχθάνεσθαι.
Verhindern, οὐκ ἐᾶν (nicht zulassen).
Verkauf, πρᾶσις, εως, f.
Verkaufen, καπηλεύειν.
Verlachen, καταγελᾶν, etwas, gen.
Verläumder, συκοφάντης. ου, m.
Verläumdung, διαβολή, f.
Verlangen, ἐπιθυμία f.—verb.: ἀξιοῦν.
Verlangen tragen, ἐπιθυμεῖν, nach etwas, gen.
Verlangender, ἐπιθυμητής, οῦ, m.
Verlassen, ἀπολείπειν. — adj.: ἐρῆμος, 2.
Verlegenheit, ἀπορία, f. In Verlegenheit sein, ἀπορεῖν.
Verletzen, παραβαίνειν.
Verlust, ἀποβολή, f.
Vermindern, ἐλασσοῦν.
Vermögen, οὐσία, f.
Vermögend, δυνατός, 3.

Vermuthen, δοξάζειν.
Vernachlässigen, άμελεῖν.
Vernachlässigung, ἀμέλεια, f.
Vernünftig, φρόνιμος, 2.
Vernunft, λόγος, m.
Verordnen, τάσσειν.
Verpflichtung, συμβόλαιον, n.
Verrath, προδοσία, f.
Verrichten, ἐργάζεσθαι.
Vers: In Verse bringen, ἐντείνειν.
Versammlung. σύνοδος, f.
Verschaffen, ἐκπορίζειν.
Verschieben, περιμένειν.
Verschieden, διαφέρων, ουσα, ον.
  Verschieden sein, διαφέρειν, von etwas, gen.
Verschlagen, ποικίλος, 3.
Verschlingen, καταπίνειν.
Versetzen, ἱδρύειν.
Versiegeln, κατασφραγίζειν.
Versöhnen, διαλλάσσειν.
Versperren, ἀποκλείειν.
Verständig, ἔμφρων, ον.
Verstand, νόος, m. Bei Verstande sein, ὑγιαίνειν.
Verstehen, μανθάνειν.
Verstellt, πλαστῶς.
Versuchen, πειρᾶν.
Vertheilen, διανέμειν.
Vertrauen, πιστεύειν.
Verüben, ἐργάζεσθαι.
Verursachen, ἐμποιεῖν.
Verwahren, ταρακοῦν.
Verwalten, διοικεῖν.
Verwandt, οἰκεῖος, 3.
Verwerfen, ἀποκρίνειν.
Verwildert, αὐχμηρός, 3.
Verwirren, ταράσσειν.
Verwünschen, κατεύχεσθαι, Jem., τινός.
Verwüsten, κείρειν.
Verwunden, πλήσσειν.
Verzehren, κατεσθίειν.
Verzieren, ποικίλλειν.
Vieh, βόσκημα, n.
Viel, πολύς (§. 17. I. II.). πολύ, adv.
Vielleicht, ἴσως.
Vielmal, πολλάκις.
Vielwisserei, πολυμαθία, f.
Vier, τέσσαρες, α.
Vierfüssig, τετράπους, ποδος.
Viermal, τετράκις.
Vierter, τέταρτος, 2.
Vierzig, τεσσαράκοντα.
Vogel, ὄρνις, ιθος, c.
Vokal, φωνῆεν, neutr. von φωνήεις, εντος.

Wohlrab, Aufgabensammml.

Volk, δῆμος, m. λεώς, ώ, m. Vom Volke beherrscht werden, δημοκρατεῖσθαι.
Volksherrschaft, δημοκρατία, f.
Volksstamm, γένος, n.
Volksversammlung, ἐκκλησία, f.
Voll, πλέως, α, ων. ἔμπλεως, ων, von etwas, gen.
Voll sein, μεστοῦσθαι.
Vollbringen, πράσσειν.
Vollbringer, δημιουργός, m.
Vollenden, ἀπεργάζεσθαι.
Vollkommen, τέλειος, 2.
Von, ὑπό c. gen. (§. 9. II.)
Vor, πρό c. gen.
Vorfahr, πρόγονος, m.
Vorgeben, προσποιεῖσθαι.
Vorhaben, μέλλειν.
Vorher, πρόσθεν.
Vormund, ἐπίτροπος, m.
Vornehm, ἄριστος. 3. Von den Vornehmsten beherrscht werden, ἀριστοκρατεῖσθαι.
Vorschreiben, συντάσσειν.
Vorsetzen, παραφέρειν.
Vorstellen, παρακελεύεσθαι. Sich vorstellen, δοξάζειν.
Vorstellung, δόξα, f.
Vortheilhaft, ὠφέλιμος, 2.
Vortrefflich, ἐλευθέριος, 2.
Vorziehen, κρίνειν πρό c. gen. αἱρεῖσθαι πρό c. gen.

# W.

Wach sein, perf. II. von ἐγείρειν, wecken.
Wachposten, φρουρά, f.
Wachsam, ἄγρυπνος, 2.
Wachsthum, αὔξη. f.
Wächter, φύλαξ, ακος, m.
Wählen, αἱρεῖσθαι.
Während, ἐν ᾧ.
Wälzen, κυλίειν.
Würme, θερμότης, ητος, f.
Wagen, τολμᾶν.
Wahnsinn, μανία, f.
Wahr, ἀληθής, 2.
Wahrhaft, ἀληθῶς, adv.
Wahrheit, ἀλήθεια, f.
Wahrnehmung, σκέψις, εως, f.
Wahrsager, μάντις, εως, m.
Wankend, ἀκροσφαλής, 2.
Wann, πότε, ὁπότε (§. 26. I.).
Warm, θερμός, 3.
Warten, μένειν, auf Jem., acc. Auf etwas warten, περιμένειν τι.

Wartung, νοσοτροφία, f.
Was, τί (interrog.), ὅς (relativ).
Wasser, ὕδωρ, ὕδατος, n. Wasser holen, ἱδρεύειν. Wassertrinken, ὑδροποσία, f.
Wecken, ἐγείρειν.
Weder — noch, οὔτε — οὔτε.
Weg, ὁδός, f.
Wegen, διά c. acc.
Wegreissen, ἁρπάζειν.
Wegschicken, ἀποστέλλειν.
Wehen, πνεῖν.
Weiblich, θῆλυς, 3.
Weichlich, μαλακός, 3.
Weiden, βόσκειν.
Weihgeschenk, ἀνάθημα, n.
Weil, ὅτι.
Wein, οἶνος, m.
Weinen, δακρύειν.
Weise, σοφός, 3. (sapiens). τρόπος, m. (modus). Auf eben dieselbe Weise, ὡσαύτως. Auf gleiche Weise, ὁμοίως. Auf keine Weise, οὐδαμῶς.
Weisheit, σοφία, f.
Weizen, πυρός, m.
Welcher, ὅς (§. 25. I.). τίς (§. 25. II.). πότερος (uter).
Wenden, τρέπειν.
Wenig, ὀλίγος, 3. ἠρέμα, adv.
Weniger, ἥττον. Am wenigsten, ἥκιστα.
Wenn, εἰ. ἐάν (§. 28, I.).
Wer, τίς, ὅστις (§. 25. I. II.).
Werden, γίγνεσθαι.
Werfen, βάλλειν.
Werk, ἔργον, n.
Werkzeug, ὄργανον, n.
Werth, ἄξιος, 3., einer Sache, gen.
Wesentlich, κύριος, 3.
Weshalb, ὅθεν.
Wespe, σφήξ, ηκός, m.
Wettkampf, ἀγών, ῶνος, m.
Widder, κριός, m.
Widerlegen, ἐλέγχειν.
Widersetzen sich, ἐναντιοῦσθαι.
Widersprechen, ἀντιλέγειν.
Widerstehen, ἀντιτείνειν.
Widerwärtig, πικρός, 3.
Widerwillen haben, δυςχεραίνειν.
Widmen sich, ἐφάπτεσθαι, einer Sache, gen.
Wie, ὥςπερ. ὡς, πῶς, ὅπως. (§. 26. I.)
Wie beschaffen, οἷος, 3.
Wie gross, wie viel, ὅσος, 3. ὁπόσος, 3. (§. 26. I.)
Wieder aufrichten, ἐπανορθοῦν.

Wieder erkennen, ἀναγνωρίζειν.
Wieder gut machen, ἐπανορθοῦν.
Wieder verjüngen sich, ἀνηβᾶν.
Wild, ἄγριος, 3.
Wille, βούλησις, εως, f.
Wind, ἄνεμος, m. πνεῦμα, n.
Winterwetter, χειμών, ῶνος, m.
Wissbegierig, φιλομαθής, 2.
Wissen, Wissenschaft, ἐπιστήμη, f.
Wo, ἔνθα, οὗ, ἵνα (§. 26. I.).
Woher, ὅθεν.
Wohin, ποῖ, ὅποι (§. 26. I.).
Wohl, εὖ.
Wohlbegabt, εὐφυής, 2.
Wohlbefinden, εὐεξία, f.
Wohlfeil, εὔωνος, 2.
Wohlgefällig sein, χαρίζεσθαι.
Wohlgeruch, εὐωδία, f.
Wohlthun, εὐποιία, f.
Wohlumzäunt, εὐερκώς.
Wohlwollen, εὔνοια, f.
Wohlwollend, εὔνοος, 2.
Wohnen, οἰκεῖν.
Wohnung, οἴκησις, εως, f.
Wolf, λύκος, m.
Wollen, ἐθέλειν, βούλεσθαι. Lieber wollen, μᾶλλον αἱρεῖσθαι.
Wort, λόγος, m. ἔπος, n.
Wortkarg, βραχυλόγος.
Wünschen, βούλεσθαι, εὔχεσθαι.
Würdig, ἄξιος, 3., einer Sache, gen.
Wunde, πληγή, f.
Wunder, τέρας, ατος. n.
Wunderbar, θαυμαστός, 3.
Wundern sich, θαυμάζειν.
Wunsch, πόθος, m. Eitler Wunsch, εὐχή, f.
Wurfspiess, ἀκόντιον, n. Wurfspiess werfen, ἀκοντίζειν.
Wurzel, ῥίζα, f.

## Z.

Zahn, ὀδούς, όντος, m.
Zank, ἔρις, ιδος, f.
Zehn, δέκα.
Zehntausend, μύριοι.
Zehntausendster, μυριοστός, 3.
Zeigen sich, φαντάζεσθαι.
Zeit, χρόνος, m. Rechte Zeit, καιρός, m.
Zeitabschnitt, ἐνιαυτός, m.
Zeitpunkt, καιρός, m.
Zerfallen, διάφορος, 2.
Zerreissen, διασπᾶν.
Zerschneiden, κατακόπτειν.
Zerstören, ἀνάστατον ποιεῖν (zerstört machen).

## Zeuge — Zwölf

Zeuge: einen Zeugen stellen, μάρτυρα παρέχεσθαι.
Ziege, αἴξ, αἰγός, f.
Ziehen, ἕλκειν. Grossziehen: S. gross.
Ziel, σκοπός, m.
Ziemen sich, προςήκειν, für Jem., dat.
Zögern, διατρίβειν.
Zorn, ὀργή, f. θυμός, m. In Zorn gerathen, χαλεπαίνειν.
Zornig, θυμοειδής, 2.
Zu, παρά c. acc. Zu gross, ἄγαν.
Züchtigen, κολάζειν.
Zügel, χαλινός, m.
Zügellos, ἀκόλαστος, 2. ἀκολάστως, adv.
Zügellos leben, ἀκολασταίνειν.
Zügellosigkeit, ἀκολασία, f.
Zügeln, κολάζειν.
Zürnen, θυμοῦσθαι.
Zuerst, πρῶτον.
Zuertheilen, νέμειν.
Zufrieden, εὔκολος, 2., mit etwas, dat.
Zugleich, ἅμα.
Zukost, ὄψον, n.
Zulassen, ἐγκρίνειν.
Zunahme, ἐπίδοσις, εως, f.
Zunge, γλῶσσα, f.
Zunicken, κατανεύειν.
Zupfen, σπαράττειν.
Zureden, παραινεῖν.

Zurück, πάλιν.
Zurückerstatten, ἐκτίνειν.
Zurückführen, ἀναφέρειν.
Zurückhalten, κατέχειν.
Zurücklassen, καταλείπειν.
Zurückweichen, ἀποτρέπεσθαι.
Zusammensein, συγγίγνεσθαι.
Zusammenstellen, συνάγειν εἰς ταὐτό.
Zusammenstossen, συγκρούειν.
Zusammentreffen, συμβάλλειν.
Zusatz, προςβολή, f.
Zustand, πάθημα, n.
Zutheilen, νέμειν.
Zuträglich, ἐπιτήδειος, 3. Zuträglich sein, συμφέρειν.
Zuverlässig, βέβαιος, 3.
Zuweilen, ἐνίοτε.
Zuwider, ἐχθρός, 3.
Zwang, ἀνάγκη, f.
Zwanzig, εἴκοσι.
Zwar, μέν (§. 8. II.).
Zwei, δύο (§. 27. I.).
Zweideutig, κίβδηλος, 2.
Zweifach, δισσός, 3.
Zweimal, δίς.
Zweimal so viel, διπλάσιος, 3.
Zweiter, δεύτερος, 3.
Zwiebel, βολβός, m.
Zwingen, ἀναγκάζειν.
Zwist, διαφορά, f.
Zwölf, δώδεκα.

6*

# Eigennamen.

## A.

Achäer, Ἀχαιός.
Achämenes, Ἀχαιμένης, εος.
Achill, Ἀχιλλεύς, έως.
Adrasteia, Ἀδράστεια.
Aegimios, Αἴγιμιος.
Aegypten, Αἴγυπτος.
Aegypter, Αἰγύπτιος.
Aenos, Αἶνος.
Aeschylos, Αἰσχύλος.
Aesop, Αἴσωπος.
Agamemnon, Ἀγαμέμνων, ονος.
Alexander, Ἀλέξανδρος.
Alkibiades, Ἀλκιβιάδης, ου.
Althäa, Ἀλθαία.
Amaltheia, Ἀμάλθεια.
Amphitryon, Ἀμφιτρύων, ωνος.
Anakreon, Ἀνακρέων, οντος.
Apollon, Ἀπόλλων, ωνος.
Archepolis, Ἀρχέπολις.
Ardikos, Ἀρδιαῖος.
Ares, Ἄρης, εος.
Argeier, Ἀργεῖος.
Argonauten, Ἀργοναῦται.
Argos, Ἄργος, n.
Aristeides, Ἀριστείδης, ου.
Aristodemos, Ἀριστόδημος.
Artemision, Ἀρτεμίσιον.
Asien, Ἀσία.
Asklepios, Ἀσκληπιός.
Assyrier, Ἀσσύριος.
Astyanax, Ἀστυάναξ, ακτος.
Athamas, Ἀθάμας.
Athener, Ἀθηναῖος.
Atropos, Ἄτροπος.
Attika, Ἀττική.

## B.

Bellerophontes, Βελλεροφόντης, ου.
Bistonen, Βίστονες.

Böotier, Βοιωτός.
Busiris, Βούσιρις, ιδος.

## C.

Charondas, Χαρώνδας, ου.
Chimära, Χίμαιρα.
Chryses, Χρύσης, ου.

## D.

Dareios, Δαρεῖος.
Delphi, Δελφοί, ῶν.
Delta, Δέλτα.
Diomedes, Διομήδης, εος.
Dionysos, Διόνυσος.
Dodona, Δωδώνη.
Dorier, Δωριεῖς, έων.

## E.

Eriphyle, Ἐριφύλη.
Eros, Ἔρως, ωτος.
Erytheia, Ἐρύθεια.
Eudoros, Εὔδωρος.
Euenos, Εὔηνος.
Eumolpos, Εὔμολπος.
Euripides, Εὐριπίδης, ου.
Eurysakes, Εὐρυσάκης, εος.
Eurysthenes, Εὐρυσθένης.
Eurythemis, Εὐρύθεμις, ιδος.

## G.

Gerenier, Γερήνιος.
Gorgias, Γοργίας.
Grieche, Ἕλλην, ηνος.
Griechenland, Ἑλλάς, άδος.
Griechisch, Ἑλληνικός. Hierzu gehört als Fem. Ἑλληνίς, ίδος.

## H.

Hades, Ἅιδης, ου.
Harpyien, Ἅρπυιαι.
Hebe, Ἥβη.
Helene, Ἑλένη.
Hephästos, Ἥφαιστος.
Hera, Ἥρα.
Herakleide, Ἡρακλείδης, ου.
Herakles, Ἡρακλέης, έεος.
Hermes, Ἑρμῆς, οῦ.
Hesperide, Ἑσπερίς, ίδος.
Hippias, Ἱππίας, ου.
Homer, Ὅμηρος.
Hylas, Ὕλας.
Hypermnestra, Ὑπερμνήστρα.

## I.

Iasos, Ἴασος.
Ide, Ἴδη.
Ilias, Ἰλιάς, άδος.
Ilion, Ἴλιον.
Inachos, Ἴναχος.
Io, Ἰώ, όος.
Ioleos, Ἰόλεως.
Ion, Ἴων, ωνος.
Iphigenie, Ἰφιγένεια.
Italien, Ἰταλία, ας.

## K.

Kadmeier, Καδμεῖος.
Kadmos, Κάδμος.
Kambyses, Καμβύσης, ου.
Karthager, Καρχηδόνιος.
Kimon, Κίμων, ωνος.
Kleinias, Κλεινίας, ου.
Kleophantos, Κλεόφαντος.
Klotho, Κλωθώ, όος.
Kokytos, Κώκυτος.
Kresphontes, Κρεσφόντης.
Kreta, Κρήτη.
Kreter, Κρής, ητός.
Kretisch, Κρητικός, 3.
Kronos, Κρόνος.
Kuret, Κουρής, ῆτος.
Kyklops, Κύκλωψ, ωπος.
Kyrene, Κυρήνη.
Kyros, Κῦρος.

## L.

Lachesis, Λάχεσις, εως.
Lakedämon, Λακεδαίμων, ονος.

Lakedämonier, Lakedämonisch, Λακεδαιμόνιος, 3.
Lakonisch, Λακωνικός, 3.
Lapithe, Λαπίθης, ου.
Learchos, Λέαρχος.
Leda, Λήδα.
Leto, Λητώ, όος.
Libyen, Λιβύη.
Lokrer, Λοκροί.
Lykormas, Λυκόρμας, ου.
Lysimachos, Λυσίμαχος.

## M.

Makedonier, Μακεδών, ονος.
Meder, Μῆδος.
Melesias, Μελησίας.
Meletos, Μέλητος.
Menelaos, Μενέλεως, ω.
Menötes, Μενοίτης.
Messene, Μεσσήνη.
Minos, Μίνως, ω.
Möre, Μοῖρα.
Momos, Μῶμος.
Musäos, Μουσαῖος.
Muse, Μοῦσα, ης.
Mykenä, Μυκῆναι.

## N.

Neleus, Νηλεύς, έως.
Nestor, Νέστωρ, ορος.
Nil, Νεῖλος.

## O.

Odysseus, Ὀδυσσεύς, έως.
Oedipus, Οἰδίπους, οδος.
Okeanos, Ὠκεανός.
Olympia: in Olympia, Ὀλυμπίασι.
Orpheus, Ὀρφεύς, έως.

## P.

Pamphylien, Παμφυλία.
Parnassos, Παρνασσός.
Perikles, Περικλέης, έεος.
Persephone, Περσεφόνη.
Perser, Πέρσης, ου.
Perseus, Περσεύς, έως.
Phänarete, Φαιναρέτη.
Pheidias, Φειδίας, ου.
Phineus, Φινεύς, έως.
Phönix, Φοίνιξ, ικος.

Phöniker, Φοίνιξ, ικος.
Pierien, Πιερία.
Pitthier, Πιτθεύς, έως.
Platää, Πλαταιαί, ών.
Platon, Πλάτων, ωνος.
Pluton, Πλούτων, ωνος.
Poltys, Πόλτυς, υος.
Poseidon, Ποσειδών, ώνος.
Prodikos, Πρόδικος.
Prokles, Προκλέης, έεος.
Prometheus, Προμηθεύς, έως.
Protagoras, Πρωταγόρας, ου.

R.

Rhadamanthys, 'Ραδάμανθυς, υος.

S.

Sais, Σάϊς.
Saitisch, Σαϊτικός, 3.
Salamis, Σαλαμίς, ίνος.
Sappho, Σαπφώ, όος.
Seriphier, Σερίφιος.
Sicilien, Σικελία, ας.
Simoeis, Σιμόεις, εντος.
Simonides, Σιμωνίδης.
Sisyphos, Σίσυφος.
Skamandros, Σκάμανδρος.
Skythe, Σκύθης, ου.
Sokrates, Σωκράτης, εος.
Solon, Σόλων, ωνος.
Sophokles, Σοφοκλέης, έεος.
Sophroniskos, Σωφρονίσκος.
Spartiate, Σπαρτιάτης, ου.
Styx, Στύξ, γός.

Symplegaden, Συμπληγάδες.
Syrakusisch, Συρακόσιος, 3.
Syrien, Συρία.

T.

Tanagra, Τάναγρα, ας.
Tartaros, Τάρταρος.
Temenos, Τήμενος.
Tethys, Τηθύς, ύος.
Theätet, Θεαίτητος.
Theages, Θεάγης, εος.
Theiodamas, Θειοδάμας, αντος.
Themistokles, Θεμιστοκλέης, έεος.
Thermopylen, Θερμοπύλαι, ών.
Theseus, Θησεύς, έως.
Thessalier, Θεσσαλός.
Thestios, Θέστιος.
Thraker, Θρᾷξ, κός.
Thrakisch, Θράκιος, 3.
Thukydides, Θουκυδίδης, ου.
Tityos, Τιτυός.
Troer, Τρώς, ωός.
Troja, Τροία.
Troisch, Τρωϊκός, 3.
Typhon, Τυφών, ώνος.

X.

Xanthias, Ξανθίας.
Xanthippos, Ξάνθιππος.

Z.

Zeus, Ζεύς.
Zopyros, Ζώπυρος.

# BIBLIOTHECA GRAECA

### VIRORUM DOCTORUM OPERA
## RECOGNITA ET COMMENTARIIS INSTRUCTA
#### CURANTIBUS
### FR. JACOBS et VAL. CH. FR. ROST.

LIPSIAE IN AEDIBUS B. G. TEUBNERI.

## Bedeutend ermässigte Preise.

Erschienen sind bis jetzt:

*auf* *Ngr.*

**Aeschinis** oratio in Ctesiphontem, notis instr. *I. H. Bremi*. 8. mai. 1826. — 7½
**Aeschyli** Choephorae, illustr. *R. H. Klausen*. 8. mai. 1835 . . . . — 22½
—— Agamemno, illustr. *R. H. Klausen*. Ed. II. ed. *R. Enger*. 8. mai. 1863. 1 7½
**Anacreontis** carmina, Sapphus et Erinnae fragmenta, annotatt. illustr.
 *E. A. Moebius*. 8. mai. 1826 . . . . . . . . . . . . . . . . — 6
**Aristophanis** Nubes. Ed. illustr. praef. est *W. S. Teuffel*. Ed. II. 8. mai. 1863. — 12
**Delectus** epigrammatum Graecorum, novo ordine conc. et comment.
 instr. *Fr. Jacobs*. 8. mai. 1826. . . . . . . . . . . . . . — 18
**Demosthenis** conciones, rec. et explic. *H. Sauppe*. Sect. I. (cont. Philipp. I. et Olynthiacae I—III.) Ed. II. 8. mai. 1845 . . . . — 10
**Euripidis** tragoediae, ed. *Pflugk* et *Klotz*. Vol. I, II et III. Sect. I—III. 4 27
 Einzeln:
—— Medea. Ed. II. . . . . . . . . . . . . . . . . . . — 15
—— Hecuba. Ed. II. . . . . . . . . . . . . . . . . . . — 12
—— Andromacha. Ed. II. . . . . . . . . . . . . . . . . — 12
—— Heraclidae. Ed. II. . . . . . . . . . . . . . . . . — 12
—— Helena. Ed. II. . . . . . . . . . . . . . . . . . . — 12
—— Alcestis. Ed. II. . . . . . . . . . . . . . . . . . — 12
—— Hercules furens . . . . . . . . . . . . . . . . . . — 18
—— Phoenissae . . . . . . . . . . . . . . . . . . . . — 18
—— Orestes . . . . . . . . . . . . . . . . . . . . . — 12
—— Iphigenia Taurica . . . . . . . . . . . . . . . . . — 12
—— Iphigenia quae est Aulide . . . . . . . . . . . . . — 12
**Hesiodi** carmina, recens. et illustr. *C. Goettling*. Ed. II. 8. mai. 1843. 1 —
 Einzeln:
—— Theogonia . . . . . . . . . . . . . . . . . . . . — 7½
—— Scutum Herculis . . . . . . . . . . . . . . . . . . — 5
—— Opera et dies. . . . . . . . . . . . . . . . . . . — 10
—— Homeri certamen, fragmenta et vita Hesiodi . . . . . — 15
**Homeri** Ilias, varietat. lect. adi. *Spitzner*. Sect. I—IV. 8. mai. 1832—36. 1 15
 Einzeln:
—— Sect. I. lib. 1—6 . . . . . . . . . . . . . . . . . — 9
—— Sect. II. lib. 7—12 . . . . . . . . . . . . . . . . — 9
—— Sect. III. lib. 13—18 . . . . . . . . . . . . . . . — 13½
—— Sect. IV. lib. 19—24 . . . . . . . . . . . . . . . — 13½
 Die einzige Ausgabe der Ilias, welche den kritischen Apparat vollständig enthält.
**Lysiae** et **Aeschinis** orationes selectae, ed. *I. H. Bremi*. 8. mai. 1826. — 15
**Lysiae** orationes selectae, ed. *I. H. Bremi*. 8. mai. 1826 . . . . — 9
**Pindari** carmina cum deperditarum fragm., variet. lect. adi. et comment. illustr. *L. Dissen*. Ed. II. cur. *Schneidewin*. Vol. I. 1843. . 1 9
—— Vol. II. Sect. I. II. (Comment. in Olymp. et Pyth.) 1846. 47.
 (à 15 Ngr.) . . . . . . . . . . . . . . . . . . . . . . 1 —
**Platonis** opera omnia, recensuit, prolegomenis et commentariis instruxit *G. Stallbaum*. X Voll. (21 Sectiones). 8. mai. 1836—61.
 compl. . . . . . . . . . . . . . . . . . . . . . . . . 21 15
 Einzeln:
—— Apologia Socratis et Crito. Ed. IV. 1858 . . . . . . . — 24
—— Phaedo. Ed. III. 1850 . . . . . . . . . . . . . . . — 22½

- Platonis opera omnia ed. *G. Stallbaum.*
  - Symposium c. ind. Ed. III. 1852 . . . . . . . . . . — 22½
  - Gorgias. Ed. III. 1861 . . . . . . . . . . . . . — 24
  - Protagoras. Ed. II. c. ind. 1840 . . . . . . . . . — 24
  - Politia sive de republica libri decem. 2 Voll. Ed. II. . . 2 15
    Einzeln:
    - — Vol. I. Lib. I—V. 1858 . . . . . . . . . . . 1 12
    - — Vol. II. Lib. VI—X. 1859 . . . . . . . . . . 1 3
  - Phaedrus. Ed. II. 1857 . . . . . . . . . . . . . — 24
  - Menexenus, Lysis, Hippias uterque, Io. Ed. II. 1857 . . . — 27
  - Laches, Charmides, Alcibiades I. II. Ed. II. 1857 . . . . — 27
  - Cratylus cum ind. 1835 . . . . . . . . . . . . . — 27
  - Euthydemus. 1836 . . . . . . . . . . . . . . . — 21
  - Meno et Euthyphro itemque incerti scriptoris Theages, Erastae et Hipparchus. 1836 . . . . . . . . . . . . . . 1 12
  - Timaeus et Critias. 1838 . . . . . . . . . . . . 1 24
  - Theaetetus. 1839 . . . . . . . . . . . . . . . 1 12
  - Sophista. 1840 . . . . . . . . . . . . . . . . — 27
  - Politicus et incerti auctoris Minos. 1841 . . . . . . . — 27
  - Philebus. 1842 . . . . . . . . . . . . . . . . — 27
  - Leges. Vol. I. Lib. I—IV. 1858 . . . . . . . . . . 1 6
  - — Vol. II. Lib. V—VIII. 1850 . . . . . . . . . . 1 6
  - — Vol. III. Lib. IX—XII. et Epinomis. 1860 . . . . . 1 6
- Sophoclis tragoediae, rec. et explan. *E. Wunderus.* 2 Voll. 8. mai. 1847—57 . . . . . . . . . . . . . . . . . 3 —
  Einzeln:
  - Philoctetes. Ed. III. . . . . . . . . . . . . . . — 12
  - Oedipus tyrannus. Ed. IV. . . . . . . . . . . . . — 12
  - Oedipus Coloneus. Ed. III. . . . . . . . . . . . . — 18
  - Antigona. Ed. IV. . . . . . . . . . . . . . . . — 12
  - Electra. Ed. III. . . . . . . . . . . . . . . . — 12
  - Aiax. Ed. III. . . . . . . . . . . . . . . . . — 12
  - Trachiniae. Ed. II. . . . . . . . . . . . . . . — 12
- Thucydidis de bello Peloponnesiaco libri VIII, explan. *E. F. Poppo.* 4 Voll. 8. mai. 1843—1856 . . . . . . . . . . . 4 —
  Einzeln:
  - Lib. I. . . . . . . . . . . . . . . . . . . . — 18
  - Lib. II. . . . . . . . . . . . . . . . . . . . — 18
  - Lib. III. . . . . . . . . . . . . . . . . . . . — 18
  - Lib. IV. . . . . . . . . . . . . . . . . . . . — 15
  - Lib. V. . . . . . . . . . . . . . . . . . . . — 15
  - Lib. VI. . . . . . . . . . . . . . . . . . . . — 18
  - Lib. VII. . . . . . . . . . . . . . . . . . . . — 15
  - Lib. VIII. . . . . . . . . . . . . . . . . . . — 15
  - Indices et de historia Thucydidea commentatio . . . . — 20
- Xenophontis Cyropaedia, comment. instr. *F. A. Bornemann.* 8. mai. 1838. — 15
  - Memorabilia (Commentarii), illustr. *R. Kühner.* 8. mai. 1858. Ed. II. . . . . . . . . . . . . . . . . . . — 26
  - Anabasis (expeditio Cyri min.), illustr. *R. Kühner.* 1852 . . 1 7
    Einzeln à 18 ₰:
    Sect. I. Lib. I—IV.
    „ II. „ V—VIII.
  - Oeconomicus, rec. et explan. *L. Breitenbach.* 8. mai. 1841 . — 15
  - Agesilaus ex ead. recens. 8. mai. 1843 . . . . . . . . — 12
  - Hiero ex ead. rec. 8. mai. 1844 . . . . . . . . . . — 7
  - Hellenica, Sect. I. (lib. I. II.), ex ead. rec. 8. mai. 1853 . — 12
  - — Sect. II. (lib. III—VII.), ex ead. rec. 8. mai. 1863 . 1 18

## Unter der Presse befinden sich:

Pindari carmina edd. *L. Dissen* et *F. W. Schneidewin.* Sect. II. Fasc. III.: Commentarius in Carmina Nemea et Isthmia nec non in fragmenta ab *E. de Leutsch* confectus.